PRACTICE
MAKES
PERFECT

Basic French

Eliane Kurbegov

New York   Chicago   San Francisco   Lisbon   London   Madrid   Mexico City
Milan   New Delhi   San Juan   Seoul   Singapore   Sydney   Toronto

Also by Eliane Kurbegov
Practice Makes Perfect: French Vocabulary
Practice Makes Perfect: French Sentence Builder
French Grammar Drills
Must Know French
Perfect Phrases in French for Confident Travel

Contents

Introduction

Congratulations! You have chosen *Practice Makes Perfect: Basic French* for your first year of French language learning.

This highly useful book is well suited for middle or high school French students to accompany a first-year textbook, or as a review book at the end of a first year or beginning second-year French course. It can also be used as a supplement to a face-to-face or online French course. Whatever your situation, you will be happy to own this book to practice basic first-year vocabulary, verb tenses, and sentence structures.

As vocabulary acquisition is an ongoing process dictated by student interest, it is important to understand that the focus of this basic book is limited to high frequency vocabulary. How well students will be able to venture into thematic and contextualized reading materials depends on how well they have mastered the essential structures and concepts introduced in this book.

For the most part, basic grammar is presented in user-friendly charts as preparation for the material in the exercises. The tenses practiced in this book are the present, the near future, the near past, and the passé composé. We find this to be ample material for a first-year or a beginning second-year middle or high school student. Adjectives, prepositions, and object pronouns presented in their lexical and grammatical functions are also important parts of this book.

With Basic French learning French is made easy because the material is presented in simple charts. It remains user friendly while building from very simple to more complex. In addition, the material offers many opportunities to reinforce and review basic grammatical concepts, while recycling and expanding on everyday words and phrases.

The ten units and fifty lessons in this book are presented in a simple and progressive format designed to help students learn, review, and retain knowledge of basic vocabulary and grammatical structures. Each set of five chapters in a unit is followed by a review section. The numerous exercises in the chapters and review sections are accompanied by an Answer Key at the end of the book.

For pleasure reading, we have included Fun Facts throughout the book; try to read them for fun and understand them on your own. So that you may check how much and how well you understood, they are translated in the Answer Key.

It is time to start the adventure! Bonne chance et bon voyage!

Grammar

Vocabulary

Fun facts

Definite articles
Family

Definite articles

	SINGULAR	PLURAL
MASCULINE	le	les
FEMININE	la	les
MASCULINE/FEMININE (BEFORE VOWEL SOUND)	l'	les

NOTEZ   The definite article appears more frequently in French than in English before a noun, for example, in abstractions and generalizations as in the following sentences.

Christophe étudie **l'**histoire.	*Christophe studies history.*
Sophie adore **les** romans.	*Sophie loves novels.*

VOCABULAIRE

Les membres de la famille (*Family members*)

father	**le père**	grandfather	**le grand-père**
mother	**la mère**	grandmother	**la grand-mère**
parents	**les parents** (*m.*)	grandson	**le petit-fils**
dad	**le papa**	granddaughter	**la petite-fille**
mom	**la maman**	uncle	**l'oncle** (*m.*)
boy	**le garçon**	aunt	**la tante**
girl	**la fille**	nephew	**le neveu**
brother	**le frère**	niece	**la nièce**
sister	**la sœur**	cousin (*m.*)	**le cousin**
son	**le fils**	cousin (*f.*)	**la cousine**
daughter	**la fille**	stepfather/ father-in-law	**le beau-père**
children	**les enfants** (*m.*)	stepmother/ mother-in-law	**la belle-mère**
husband	**le mari**	stepdaughter	**la belle-fille**
wife	**la femme**	stepson	**le beau-fils**

EXERCICE
1·1

Traduisez! (*Translate!*)

1. the father   *le père* ✓

2. the mother   *la mère* ✓

3. the parents	*les parents (m)* ✓	
4. the fathers	*les pères* ✓	
5. the mothers	*les mères* ✓	
6. the boy	*le garçon* ✓	
7. the girl	*la fille* ✓	
8. the boys	*les garçons* ✓	
9. the girls	*les filles* ✓	
10. the son	*le fils* ✓	
11. the daughters	*les filles* ✓	
12. the brothers	*les frères* ✓	
13. the grandmother	*la grande-mère* ✗ *la grand-mère* ✓	
14. the cousins (*f.*)	*les cousin* ✗ *les cousines*	
15. the grandson	*le petit-fils* ✓	
16. the granddaughter	*la petite-fille* ✓	
17. the niece	*la nièce* ✓	
18. the nephew	*le neveu* ✓	
19. the stepfather	*le beau-père* ✓	
20. the stepmother	*la belle-mère* ✓	

Les familles célèbres! (*Famous families!*)   *Match the famous person on the left with the correct family relationship on the right.*

c) la belle-mère et le beau-fils

1. __d__ Eunice Kennedy Shriver et Arnold Schwarzenegger   a. les frères

2. __d__ Michelle et Barack Obama ✓   b. les sœurs

3. __f__ Donny et Marie Osmond ✓   c. la belle-mère et le beau-fils

4. __e__ Kelly et Ozzie Osbourne ✓   d. le mari et la femme

5. __a__ Alec et William Baldwin ✓   e. la fille et le père

6. __g__ Kirk et Michael Douglas ✓   f. le frère et la sœur

7. __f__ Warren Beatty et Shirley MacLaine ✓   g. le père et le fils

8. __b__ Venus et Serena Williams ✓

Everyday words

my	**mon** (*m.*)/**ma** (*f.*)/**mes** (*pl.*)	is/are	**est/sont**
your	**ton** (*m.*)/**ta** (*f.*)/**tes** (*pl.*)	from/of	**de**

EXERCICE
1·3

Écrivez! *(Write!) In this exercise, use the familiar your (**ton**, **ta**, **tes**) throughout.*

1. My uncle Georges is the brother of my mother.

   Mon oncle Georges est le frère de ma mère ✓

2. Your daughter is my cousin.

   Ta fille est ma cousine ✓

3. My grandfather is your uncle.

   Mon grand-père est ton oncle ✓

4. My grandmother is from France.

   Ma grand-mère est de la France ✓

5. Your brother is my cousin.

   Ton frère est mon cousin ✓

6. Your parents are my grandparents.

   Tes parents sont mes grands-parents ✓

7. Your sister is my stepmother.

   Ta sœur est ma belle-mère ✓

8. My father is your nephew.

   Mon père est ton neveu ✓

9. Your sisters are my aunts.

   Tes sœurs sont mes tantes

10. Lili is the niece of my grandfather Julius.

    Lili est la nièce de mon grand-père Julius ✓

Faits divers *(Fun facts)*

Les familles célèbres *(Famous families)*

- Les filles de Barack Obama sont Sasha et Malia. *B.O's daughters are Sasha & Malia*
- Bill Ford est l'arrière-petit-fils de Henry Ford. *Bill Ford is the greatgrandson of HF*
- Jennifer Lopez est la femme de Marc Anthony. *JL is the wife of M.A.*
- Liza Minnelli est la fille de Judy Garland. *LM is JG's daughter*
- Brad Pitt est le copain d'Angelina Jolie. *BP is the boyfriend of AJ*

Indefinite articles
Around the house

Indefinite articles

	SINGULAR	PLURAL
MASCULINE	un	des
FEMININE	une	des

Notez The plural indefinite article appears more frequently in French than in English where it is often omitted and implied as in:

J'ai des frères et des sœurs. *I have (some) brothers and sisters.*

VOCABULAIRE

Dans la maison (*Around the house*)

attic	**le grenier**	house	**la maison**
basement	**la cave**	kitchen	**la cuisine**
bathroom	**la salle de bains**	living room	**le salon**
bedroom	**la chambre (à coucher)**	office	**le bureau**
closet	**le placard**	porch	**le porche**
dining room	**la salle à manger**	refrigerator	**le réfrigérateur**
door	**la porte**	restroom	**le W.C. / les toilettes**
entryway	**l'entrée** (f.)	room	**la pièce / la chambre**
floor	**l'étage** (f.)	shower	**la douche**
garage	**le garage**	stairs	**l'escalier** (m.)
garden	**le jardin**	window	**la fenêtre**
hall	**le couloir**	yard	**la cour**

(handwritten: cupboard — by closet; loo — by restroom; court — by yard)

EXERCICE 2·1

Traduisez! (*Translate!*)

1. a bedroom *une chambre à coucher* ✓
2. a house *une maison* ✓
3. a yard *une cour* ✓

4. a garden   un jardin ✓

5. a bathroom   une salle de bains ✓   une salle de bains

6. a restroom *loo*   des toilettes / le W.C   des toilettes

7. a shower   une douche ✓

8. an entrance   une entrée ✓

9. an attic   un grenier   un grenier / un grenier

10. a basement   une cave   une cave

11. a kitchen   une cuisine   une cuisine

12. a living room   un salon

13. some bedrooms   des chambres à coucher ✓

14. some closets   des placards ✓

15. a hall   un couloir   un couloir

16. an office   un bureau ✓

17. some windows   des fenêtres ✓

18. some doors   des portes ✓

19. a garage   un garage ✓

20. some stairs   des escaliers ✓

La maison (*The house*) *Match each part of the house named on the left with the item you would likely find in it on the right. You may have to figure out what some items are by their similarity with their English equivalent.*

1. __c__ le salon ✓   ✓ a. la calculatrice *calculator*

2. __f__ le W.C. ✓   ✓ b. la bicyclette *bike*

3. __h__ la cuisine ✓   ✓ c. le sofa *sofa*

4. __b__ le garage ✓   ✓ d. la porte *door*

5. __e__ la salle de bains ✓   ✓ e. la baignoire *bath*

6. __g__ le jardin ✓   ✓ f. le papier hygiénique *loo roll*

7. __a__ le bureau ✓   ✓ g. les plantes *plants*

8. __d__ le couloir ✓   ✓ h. le réfrigérateur *fridge*

Everyday words

one	**un** (*m.*)/**une** (*f.*)	four	**quatre**
two	**deux**	five	**cinq**
three	**trois**	six	**six**
has	**a**	does not have	**n'a pas**

NOTEZ The phrase **n'a pas** is followed by **de** or **d'** instead of **un/une/des** (*a/some*) as in:

La maison n'a pas **de** garage. *The house does not have a garage.*

EXERCICE
2·3

Écrivez! (*Write!*)

1. My bedroom has two closets.

Ma chambre à coucher a deux placards

2. Your (*form.*) kitchen has one window.

Votre cuisine a une fenètre ✓

3. My house does not have an attic.

Ma maison n'a pas de grenier ✓

4. The restroom does not have a shower. ~~woo~~

Le W.C n'a pas ~~son~~ de douche

5. Your (*fam.*) basement has two doors.

Ton cave a deux portes ✗ (*Ta cave* ✓

6. The house has three doors.

La maison a trois portes ✓

7. Your (*fam.*) house has four stairways.

Ta maison a quatre escaliers ✓

8. My living room has a sofa.

Mon salon a un sofa ✓

9. My entrance has a chandelier (**un chandelier**).   *Mon entrée* ✓

M'entrée a un chandelier ✗

10. Your (*pl.*) house has five bedrooms.

Tes maison a cinq chambre à couche) ✗

Votre maison a cinq chambres à coucher

Faits divers (*Fun facts*)

Des maisons célèbres (*Famous houses*)

- La Maison Blanche à Washington D.C. est la résidence des présidents américains.
- Le Palais de l'Élysée à Paris est la résidence des présidents français.
- Les maisons de Victor Hugo sont à Paris et à Guernsey.
- La maison de Louis Pasteur à Arbois a une tannerie, une cave, six pièces au premier étage (= *French first floor* [*over the ground floor*]), six autres pièces au deuxième étage (*French second floor*), des greniers et une cour.

·3· J'ai and je veux
Animals

J'ai and je veux

j'ai	*I have*
je veux	*I want*
je n'ai pas	*I don't have*
je ne veux pas	*I don't want*

NOTEZ The phrase **n'ai pas** is followed by **de** or **d'** instead of **un/une/des** (*a/some*) as in the example:

Je n'ai pas **de** chien.   *I do not have a dog.*

VOCABULAIRE

Les animaux (*Animals*)

bear	**l'ours** (*m.*)	horse	**le cheval**
bird	**l'oiseau** (*m.*)	lamb	**l'agneau** (*m.*)
bull	**le taureau**	lion	**le lion**
cat	**le chat**	monkey	**le singe**
chicken	**la poule**	mouse	**la souris**
cow	**la vache**	pig	**le cochon**
dog	**le chien**	rabbit	**le lapin**
donkey	**l'âne** (*m.*)	rat	**le rat**
duck	**le canard**	rooster	**le coq**
elephant	**l'éléphant** (*m.*)	sheep	**le mouton**
fish	**le poisson**	snake	**le serpent**
fox	**le renard**	turkey	**la dinde**
frog	**la grenouille**	wolf	**le loup**

EXERCICE
3·1

Traduisez! (*Translate!*)

1. I have a horse.

_____

2. I don't have an elephant.

_____

3. I have two ducks.

_____

4. I don't have a snake.

_____

5. I don't have five cats.

_____

6. I want a dog.

_____

7. I don't want a mouse.

_____

8. I want some cats.

_____

9. I don't want a pig.

_____

10. I want some chickens.

_____

11. I don't have any monkeys.

_____

12. I have some rabbits.

_____

L'habitat! (*The habitat!*)   *Place an X in the column where you would most likely find each animal listed below:* **à la maison** (*at home*), **à la ferme** (*on the farm*), **au zoo** (*at the zoo*).

	(M) À LA MAISON	(F) À LA FERME	(Z) AU ZOO
1. l'agneau	_____	_____	_____
2. le chat	_____	_____	_____
3. le singe	_____	_____	_____
4. la dinde	_____	_____	_____
5. le rat	_____	_____	_____
6. le serpent	_____	_____	_____

	(M) À LA MAISON	(F) À LA FERME	(Z) AU ZOO
7. le lion	_____	_____	_____
8. la poule	_____	_____	_____
9. le cochon	_____	_____	_____
10. le poisson	_____	_____	_____

VOCABULAIRE

Everyday words

| in/at/on | à | in/ inside | dans |

Écrivez! (*Write!*)

1. I don't want a rat inside my house.

   _____

2. I want a dog in my yard.

   _____

3. I don't want the cat inside my bedroom.

   _____

4. I have a rooster and three chickens.

   _____

5. I don't have a horse in my basement.

   _____

6. My uncle has three pigs on (*dans*) his farm.

   _____

7. My son has a snake.

   _____

8. He doesn't have a monkey in his closet.

   _____

Faits divers *(Fun facts)*

Les animaux dans les bandes dessinées et les histoires d'enfants
(Animals in comic books and storybooks)

- Perdita, Pongo et Lucky sont des chiens dans le film *Les 101 Dalmatiens.*
- Tintin a un chien: Milou.
- Pinocchio a un chat: Figaro.
- Mickey Mouse est une souris.
- Porky Pig est un cochon.
- Astérix a un chien: Idéfix.
- Garfield est un chat.
- Donald Duck est un canard.
- Nemo est un poisson.

Il y a
The classroom

Il y a and il n'y a pas

Il y a une carte dans le livre.   *There is a map in the book.*
Il y a des images dans le livre.   *There are pictures in the book.*

NOTEZ   The phrase **Il n'y a pas** is always followed by **de** or **d'** instead of **un/une/des** (*a/some*) as in this example:

Il n'y a pas **de** livre sur le bureau.   *There is no book on the desk.*

VOCABULAIRE

La salle de classe (*The classroom*)

assignment	**le devoir**	light	**la lumière**
backpack	**le sac à dos**	marker	**le feutre**
board	**le tableau**	notebook	**le cahier**
book	**le livre**	paper	**le papier**
chair	**la chaise**	pen	**le stylo**
classroom	**la salle de classe**	pencil	**le crayon**
computer	**l'ordinateur** (*m.*)	projector	**le projecteur**
desk	**le bureau**	ruler	**la règle**
dictionary	**le dictionnaire**	school	**l'école** (*f.*)
eraser	**la gomme**	student	**l'élève** (*m., f.*)
lesson	**la leçon**	teacher	**le/la professeur**
map	**la carte**	textbook	**le manuel**

EXERCICE
4·1

Traduisez! (*Translate!*)

1. There are two boards in the classroom.

_____

2. There is no projector.

_____

3. There are three dictionaries on the desk.

_____

4. There is a marker on your (*form.*) desk.

_____

5. There is no paper in the notebook.

_____

6. There is no light.

_____

7. There are no students.

_____

8. There is one assignment.

_____

9. There is a backpack on my chair.

_____

10. There are five lessons in the book.

_____

Sur le bureau ou sur la chaise? (*On the desk or on the chair?*)   *Place an X in the column where you would most likely find each item or person listed below:* **sur le bureau** (*on the desk*), **sur la chaise** (*on the chair*). *Place an X in the NON column if it is found in none of these places.*

	(B) SUR LE BUREAU	(C) SUR LA CHAISE	(-) NON
1. le cahier	_____	_____	_____
2. la carte	_____	_____	_____
3. l'élève	_____	_____	_____
4. le feutre	_____	_____	_____
5. la lumière	_____	_____	_____
6. l'ordinateur	_____	_____	_____
7. le papier	_____	_____	_____
8. le professeur	_____	_____	_____
9. le stylo	_____	_____	_____
10. le tableau	_____	_____	_____

Everyday words

seven	**sept**	each/every	**chaque**
eight	**huit**	and	**et**
nine	**neuf**	for	**pour**
ten	**dix**	with	**avec**
eleven	**onze**	but	**mais**

EXERCICE
4·3

Écrivez! (*Write!*)

1. My classroom has a computer and a projector.

   _____

2. There are ten pens in my desk.

   _____

3. There are nine students in the classroom.

   _____

4. I want eight notebooks for my students.

   _____

5. I want one textbook for each student.

   _____

6. I have ten notebooks and eight books with (some) maps.

   _____

7. But I don't have any markers for the board.

   _____

8. And there is no ruler.

   _____

Faits divers (*Fun facts*)

L'histoire de Babar (*The story of Babar*)

Dans *L'histoire de Babar*, l'éléphant Babar a des classes de français avec un professeur. Il est dans une salle de classe avec onze livres, un cahier, un papier et un tableau. Mais il n'y a pas d'ordinateur pour Babar.

Subject pronouns
Common -er verbs
Regular -er verbs
Days of the week

Subject pronouns

je	*I*	nous	*we*
tu	*you* (sing. and fam.)	vous	*you* (pl. or sing. form.)
il	*he*	ils	*they* (m. or mixed group)
elle	*she*	elles	*they* (f.)
on	*we, you, they, one*		

NOTEZ The impersonal pronoun **on** takes on various meanings depending on the context. It is often used in familiar conversations instead of the pronoun **nous**.

VOCABULAIRE

Quelques verbes en *-er* (A *few* -er *verbs*)

to dance	**danser**	to pay	**payer**
to eat	**manger**	to play	**jouer**
to eat dinner	**dîner**	to sing	**chanter**
to find	**trouver**	to speak/talk	**parler**
to give	**donner**	to study	**étudier**
to listen	**écouter**	to watch/look at	**regarder**
to order	**commander**	to work	**travailler**

Conjugation of regular -er verbs

parler to speak, talk

je	parle	nous	parlons
tu	parles	vous	parlez
il	parle	ils	parlent
elle	parle	elles	parlent
on	parle		

NOTEZ For verbs like **payer** that have a **y** in the stem, change the **y** to **i** in all conjugated persons except in the **nous** and **vous** forms: **je paie / nous payons**. For verbs like **manger** that have a **g** in the stem, add the letter -**e** after -**g** in the **nous** form: **nous mangeons**.

Conjuguez! (*Conjugate!*)

	JE	TU	IL/ELLE/ON	NOUS	VOUS	ILS/ELLES
1. parler						
to speak	_____	_____	_____	_____	_____	_____
2. chanter						
to sing	_____	_____	_____	_____	_____	_____
3. étudier						
to study	_____	_____	_____	_____	_____	_____
4. regarder						
to watch	_____	_____	_____	_____	_____	_____
5. donner						
to give	_____	_____	_____	_____	_____	_____
6. porter						
to wear	_____	_____	_____	_____	_____	_____
7. travailler						
to work	_____	_____	_____	_____	_____	_____
8. manger						
to eat	_____	_____	_____	_____	_____	_____
9. jouer						
to play	_____	_____	_____	_____	_____	_____
10. payer						
to pay	_____	_____	_____	_____	_____	_____

Vrai ou faux? (*True or false?*)   *Mark the following statements true (**V**) or false (**F**), according to how probable they seem.*

1. _____ Le professeur et les élèves jouent au tennis dans la classe.

2. _____ On ne chante pas dans la classe de chant.

3. _____ Vous travaillez à la Maison Blanche.

4. _____ Vous étudiez le français.

5. _____ Les élèves donnent les notes (*grades*).

6. _____ On regarde la télévision à la maison.

7. _____ De nombreux (*numerous*) acteurs travaillent à Hollywood.

8. _____ On n'étudie pas dans la salle de bains.

9. _____ On écoute des opéras à l'école.

10. _____ Nous trouvons des diamants dans la rue (*street*).

VOCABULAIRE

Everyday words

soccer	**le football/le foot**	at the office/in the study	**au bureau**
tennis	**le tennis**	at the restaurant	**au restaurant**

NOTEZ The names of most team sports are English words used in French. Remember to use **au foot**, **au tennis**, **au basketball**, **au baseball** after the verb **jouer** (*to play*): Je joue **au foot**.

EXERCICE
5·3

Écrivez des phrases! (*Write sentences!*)

1. We play tennis but you (*pl.*) play soccer.

_____

2. We eat at home or at the restaurant.

_____

3. We speak French at home.

_____

4. My parents watch television in the living room.

_____

5. They work in the study.

_____

6. I study in my bedroom.

_____

7. And I listen to my CDs (**CD**).

_____

8. But I do not find my notebooks.

_____

Faits divers (Fun facts)

La télévision

TF1 et Canal+ sont des chaînes privées en France mais France 1, France 2, France 4, France 5 et Arte sont des chaînes publiques. La chaîne TV5-Monde est diffusée dans le monde entier et sur tous les continents.

À la télévision française, il y a des dessins animés (*cartoons*) comme *Astérix*, des émissions comme *Les guignols de l'info* (*puppet-driven comedy show focused on news*), le journal télévisé (*news*), des films, des jeux (*games*) et des sports.

VOCABULAIRE

Les jours de la semaine (*Days of the week*)

Monday	**lundi**	on Mondays	**le lundi**
Tuesday	**mardi**	on Tuesdays	**le mardi**
Wednesday	**mercredi**	on Wednesdays	**le mercredi**
Thursday	**jeudi**	on Thursdays	**le jeudi**
Friday	**vendredi**	on Fridays	**le vendredi**
Saturday	**samedi**	on Saturdays	**le samedi**
Sunday	**dimanche**	on Sundays	**le dimanche**

NOTEZ Monday is the first day of the week on a French calendar. Days of the week are not capitalized in French. When the French day is preceded by the article **le**, it means on every such day.

EXERCICE
5·4

Quel jour? (*On which day?*)   *Complete the following sentences with a day of the week.*

1. Je n'ai pas classe le _____ et le _____.

2. Le premier jour d'école chaque semaine est _____.

3. _____ est le dernier jour d'école chaque semaine.

4. Le premier jour du week-end est _____.

5. Mes parents travaillent le _____, le _____, le _____, le _____, et le _____.

Faits divers (*Fun facts*)

Les jours de la semaine (*The days of the week*)

Exceptés samedi et dimanche, les jours de la semaine sont des noms composés de la syllabe *di* (du latin *dies* pour *jour*) et du mot latin pour un astre (ou corps céleste).

- lundi, c'est *lunae dies*, jour de la lune (*moon*)
- mardi, c'est *martis dies*, jour de Mars
- mercredi, c'est *mercurii dies*, jour de Mercure
- jeudi, c'est *jovis dies*, jour de Jupiter
- vendredi, c'est *veneris dies*, jour de Venus
- samedi, c'est *sabbati dies*, jour du sabbat (*sabbath*).
- dimanche, c'est *dies dominica*, le jour du Seigneur (*Lord's day*)

Leçons 1–5

EXERCICE
R1·1

Traduisez! (*Translate!*)

1. the boys _____

2. the girls _____

3. the grandmother _____

4. a brother _____

5. some dogs _____

6. the house _____

7. the bedrooms _____

8. the kitchen _____

9. the cat _____

10. an assignment _____

11. some doors _____

12. the desk _____

13. some books _____

14. a dictionary _____

15. a lesson _____

EXERCICE
R1·2

Qui est-ce? (*Who is it?*)   *Match the two columns.*

1. _____ Babar

2. _____ Bambi

3. _____ Shere Kahn

a. le chien

b. le canard

c. le poisson

4. _____ Milou   d. l'ours

5. _____ Nemo   e. le lapin

6. _____ Donald   f. la souris

7. _____ Mickey   g. le tigre

8. _____ Smokey   h. l'éléphant

9. _____ Peter Cottontail i. le faon

10. _____ Black Beauty   j. le cheval

Il y a / Il n'y a pas... *Write **Il y a** or **Il n'y a pas** before each statement to make the statement true or false.*

1. _____ cinq vaches dans mon salon.

2. _____ un taureau à la ferme.

3. _____ des singes au zoo.

4. _____ de poules dans mon grenier.

5. _____ six rats dans le réfrigérateur.

6. _____ un chat dans ma maison.

7. _____ des éléphants dans l'histoire de Babar.

8. _____ de tigres à la ferme.

9. _____ une cave et six chambres dans la maison de Pasteur.

10. _____ des poules, des coqs et des dindes à la ferme.

Les grandes familles! *Fill the blank with the appropriate word describing the family relationship.*

1. Bill Clinton est _____ de Hillary Clinton.

2. Barbara Bush est _____ de George Bush.

3. Michael Douglas est _____ de Kirk Douglas.

4. Serena est _____ de Venus Williams.

5. Homer Simpson est le père dans la _____ Simpson.

6. Homer et Marge ont trois _____.

Les conjugaisons des verbes réguliers en -er.

	JE/IL/ELLE	TU	NOUS	VOUS	ILS/ELLES
1. danser	_____	_____	_____	_____	_____
2. parler	_____	_____	_____	_____	_____
3. trouver	_____	_____	_____	_____	_____
4. travailler	_____	_____	_____	_____	_____
5. chanter	_____	_____	_____	_____	_____

Devinez qui est la personne! (*Guess who the person is!*) *You may give the name of the person in English and look up the French name in the key.*

1. Je suis un personnage créé par Charles Perrault. Je suis une fille. J'ai un père et une belle-mère. J'ai aussi deux belles-sœurs. Dans ma chambre, il y a des rats et des souris qui sont mes amis. Je travaille beaucoup dans la maison. Ma belle-mère et mes belles-sœurs ne travaillent pas. Mais, un jour, je suis au palais du roi et je danse avec son fils, le prince. Le prince m'épouse et je suis très heureuse. _____

2. Moi aussi, je suis un personnage de Charles Perrault. Je suis aussi une fille. Je suis en route pour la maison de ma grand-mère. Il y a des oiseaux, des vaches, des chevaux, des ânes et des renards sur la route. J'adore les animaux. Je marche dans la forêt. Mais voilà un loup! Oh non! Il veut me manger! À l'aide! _____

3. Je suis une fille inventée par les frères Grimm. Mon frère Hansel et moi, nous marchons et nous marchons très longtemps dans la forêt. Nous arrivons à une maison faite de pain d'épices. Nous commençons à manger le pain d'épices. Une vieille dame nous invite à entrer dans la maison. Mais elle veut manger mon frère! Un jour, je jette (*I throw*) la dame dans le four (*oven*). _____

Qui paie? *At the beginning of the school year, who pays for the following items? Mark an X in the correct column.*

	(É) L'ÉCOLE	(S) L'ÉTUDIANT/L'ÉTUDIANTE
1. le crayon	_____	_____
2. le feutre	_____	_____
3. le stylo	_____	_____
4. le bureau	_____	_____
5. la carte	_____	_____
6. le cahier	_____	_____
7. la lumière	_____	_____
8. le papier	_____	_____
9. la règle	_____	_____
10. le tableau	_____	_____

Écrivez! *Write the following sentences.*

1. I study for school every day.

_____

2. I have a French class on Mondays and Wednesdays.

_____

3. My parents pay for my paper, my notebooks, my pens, and my pencils.

_____

4. The students watch Tintin on Fridays.

_____

5. There is no map in the class.

_____

6. But there are ten dictionaries in my class.

   _____

7. In my family there is a mother, a father, two boys, and a girl.

   _____

8. My uncle has two lambs, three pigs, and four horses.

   _____

Grammar

Vocabulary

Fun facts

Clothing
-Er verb endings

VOCABULAIRE

Les vêtements (*Clothes*)

belt	**la ceinture**	pajamas	**le pyjama**
boot	**la botte**	man's shirt	**la chemise**
cap	**la casquette**	woman's shirt	**le chemisier**
clothes	**les vêtements** (*m.*)	shoe	**la chaussure**
coat	**le manteau**	skirt	**la jupe**
dress	**la robe**	sock	**la chaussette**
hat	**le chapeau**	sweater	**le pull**
pants	**le pantalon**	T-shirt	**le tee-shirt**

EXERCICE

6·1

Écrivez des phrases! (*Write sentences!*)

1. I wear pants and a sweater.

_____

2. My mother wears a dress.

_____

3. We do not wear socks in the shower.

_____

4. My dad does not wear a cap at the office.

_____

5. My sister wears her skirt with a belt.

_____

6. My brother wears a hat and a coat.

_____

Identifiez! *Write the French word for each piece of clothing.*

1.  _____

2.  _____

3. _____

4. _____

5. _____

6. _____

7. _____

8.  _____

9.  _____

10. _____

11. _____

12. _____

13. _____

14.  _____

Everyday words

a little (of)	**un peu (de/d')**	more (of)	**plus (de/d')**
a lot (of)	**beaucoup (de/d')**	sometimes	**quelquefois**
also/as well	**aussi**	today	**aujourd'hui**
always	**toujours**	when	**quand**

EXERCICE
6·3

Écrivez des phrases! (*Write sentences!*)

1. I study French every day.

   _____

2. My teacher always wears a hat.

   _____

3. But today he wears a cap.

   _____

4. The students do not speak when the teacher is impatient (**impatient**).

   _____

5. We speak a lot when the teacher is patient (**patient**).

   _____

6. We do not watch a lot of TV when we have an assignment.

   _____

7. There is less noise (**bruit**) when there are fewer students in the class.

   _____

8. The girls wear skirts when they dance.

   _____

9. They sing more when the music (**la musique**) is pop (**du pop**).

   _____

10. Sometimes my father watches when I play soccer.

   _____

Regular -er verb endings

SUBJECT	VERB ENDING	SUBJECT	VERB ENDING
je	**-e**	nous	**-ons**
tu	**-es**	vous	**-ez**
il/elle/on	**-e**	ils/elles	**-ent**

EXERCICE 6·4

*Conjugate the following regular **-er** verbs.*

	JE	TU	IL/ELLE	NOUS	VOUS	ILS/ELLES
1. aimer *to like/love*						
2. rêver *to dream*						
3. nommer *to name*						
4. rester *to stay*						
5. créer *to create*						
6. adorer *to adore*						

Faits divers (*Fun facts*)

Coco Chanel

Gabrielle est la fille d'Albert et de Jeanne Chanel. La jeune fille chante dans un café. Les clients adorent la jeune femme et la nomment « Coco ». Mais elle rêve d'être célèbre (*famous*). À la longue Coco va révolutionner la mode de Paris et la mode mondiale. Elle rejette le corset et libère le corps (*body*) de la femme; elle crée un style de vêtements pour femmes très avant-garde. Elle présente le cardigan et la petite robe noire qui restent classiques. Coco crée aussi les pantalons à pattes d'éléphant (*bell-bottom*). De plus, elle introduit le parfum « Chanel No. 5 ».

-Ir verbs
Food and beverages

Conjugation of regular -ir verbs

choisir *to choose*

je	choisis	nous	choisissons
tu	choisis	vous	choisissez
il	choisit	ils	choisissent
elle	choisit	elles	choisissent
on	choisit		

finir *to finish*

je	finis	nous	finissons
tu	finis	vous	finissez
il	finit	ils	finissent
elle	finit	elles	finissent
on	finit		

VOCABULAIRE

Les choses à manger et à boire (*Things to eat and drink*)

La nourriture (*Food*)

baguette	**la baguette**	jam	**la confiture**
bread	**le pain**	meat	**la viande**
cake	**le gâteau**	pasta	**les pâtes** (*f.*)
cereal	**les céréales** (*f.*)	pizza	**la pizza**
cheese	**le fromage**	rice	**le riz**
chicken	**le poulet**	salad	**la salade**
eggs	**les œufs** (*m.*)	sorbet	**le sorbet**
fish	**le poisson**	toast	**le pain grillé**
French fries	**les frites** (*f.*)	tomato	**la tomate**
fruit	**les fruits** (*m.*)	vegetables	**les légumes** (*m.*)
ice cream	**la glace**		

Les boissons (*Beverages*)

chocolate milk	**le lait au chocolat**	milk	**le lait**
coffee	**le café**	tea	**le thé**
juice	**le jus**	water	**l'eau** (*f.*)
lemonade	**la limonade**	wine	**le vin**

Écrivez des phrases! (*Write sentences!*)

1. I finish the pasta.

_____

2. You (*fam.*) finish the pizza.

_____

3. We finish the salad.

_____

4. The children finish the ice cream.

_____

5. She finishes the baguette.

_____

6. I choose the wine.

_____

7. He chooses the sorbet.

_____

8. We choose the water.

_____

9. The children choose the chocolate milk.

_____

10. My parents choose the coffee.

_____

Quand choisissez-vous cela? (*When do you choose this?*) *Mark an X in the appropriate column for each meal during which you typically choose to eat the foods listed below:* (**a**) **le petit déjeuner** *(breakfast),* (**b**) **le déjeuner** *(lunch),* (**c**) **le dîner** *(dinner), or* (**d**) **le dessert** *(dessert). (Answers may vary.)*

	(A) LE PETIT DÉJEUNER	(B) LE DÉJEUNER	(C) LE DÎNER	(D) LE DESSERT
1. le pain	_____	_____	_____	_____
2. les céréales	_____	_____	_____	_____

	(A) LE PETIT DÉJEUNER	(B) LE DÉJEUNER	(C) LE DÎNER	(D) LE DESSERT
3. les légumes	_____	_____	_____	_____
4. le poulet	_____	_____	_____	_____
5. le gâteau	_____	_____	_____	_____
6. le pain grillé	_____	_____	_____	_____
7. la salade	_____	_____	_____	_____
8. les fruits	_____	_____	_____	_____
9. les œufs	_____	_____	_____	_____
10. le riz	_____	_____	_____	_____

VOCABULAIRE

Everyday words

(in) the afternoon	**l'après-midi** (*m.*)	cup	**la tasse**
(in) the evening	**le soir**	glass	**le verre**
(in) the morning	**le matin**	plate	**l'assiette** (*f.*)
first	**d'abord**	then	**ensuite**

EXERCICE

7·3

Écrivez des phrases! (*Write sentences!*)

1. I eat cereal every morning.

_____

2. I always choose chicken when I eat at the restaurant.

_____

3. There is a lot of pasta in my plate.

_____

4. First we choose the meat, then we choose the wine.

_____

5. In the evening, I always eat a little bit of salad with my dinner.

_____

6. In the morning, I have a cup of coffee, a slice of toast, and two eggs.

_____

7. In France (**En France**), I choose French fries for my lunch and my dinner.

_____

8. There are four glasses of wine on the table.

_____

Faits divers (*Fun facts*)

La cuisine française (*French cuisine*)

- Pour un repas complet français, on mange généralement d'abord un hors-d'œuvre, ensuite un plat principal, une salade, un ou deux fromages et on finit avec les fruits.
- Il y a toujours une baguette et d'autres sortes de pain sur la table au petit déjeuner, au déjeuner et au dîner.
- Le petit déjeuner typique en France, c'est le pain avec le beurre et la confiture et, quelquefois, les céréales. Le petit déjeuner spécial, c'est les croissants et les petits pains au chocolat, et quelquefois les œufs avec le pain grillé.
- Les Français consomment beaucoup de vin (chaque habitant consomme cinquante-huit litres par an). Ils consomment aussi beaucoup d'eau minérale.

-Ir verb endings
Common -ir verbs

8

Regular -ir verb endings

SINGULAR SUBJECT	VERB ENDING	PLURAL SUBJECT	VERB ENDING
je	**-is**	nous	**-issons**
tu	**-is**	vous	**-issez**
il	**-it**	ils	**-issent**
elle	**-it**	elles	**-issent**
on	**-it**		

VOCABULAIRE

Quelques verbes en *-ir* (A few *-ir verbs*)

to choose	**choisir**	to turn red/blush	**rougir**
to finish	**finir**	to turn white	**blanchir**
to succeed	**réussir**	to turn yellow	**jaunir**
to gain weight	**grossir**	to age/grow old	**vieillir**
to lose weight	**maigrir**	to ripen	**mûrir**
to turn brown	**brunir**	to spoil	**pourrir**

EXERCICE
8·1

Traduisez! (*Translate!*)

1. You (*pl.*) finish. _____

2. They (*m.*) blush. _____

3. We lose weight. _____

4. She turns brown. _____

5. I gain weight. _____

6. She ages. _____

7. He succeeds. _____

8. They (*f.*) spoil. _____

9. You (*fam.*) choose. _____

10. They (*m.*) ripen. _____

Vrai ou faux? (*True or false?*) Write **V** for **vrai** (*true*) or **F** for **faux** (*false*) for each statement depending on whether it is logical or not.

1. _____ J'adore la cuisine italienne. Je choisis le riz.

2. _____ Quelle horreur! Les bananes rougissent!

3. _____ D'abord les fruits mûrissent et ensuite nous les mangeons.

4. _____ Mais quelquefois les fruits vieillissent et ensuite ils pourrissent.

5. _____ Quand tu manges beaucoup, tu maigris.

6. _____ Quand tu manges moins, tu mûris.

7. _____ Quand les personnes restent au soleil (*in the sun*), elles brunissent.

8. _____ J'adore les céréales le matin. Je vieillis.

VOCABULAIRE

Everyday words

because	**parce que/qu'**	fast	**vite**	in the sun	**au soleil**

Écrivez des phrases! (*Write sentences!*)

1. I choose pizza when I am at the Italian restaurant.

_____

2. Sometimes she blushes because she is shy.

_____

3. She loses weight because she ages.

_____

4. Fruit and vegetables spoil fast when they are not in the refrigerator.

_____

5. Tomatoes ripen and turn red fast in the sun.

_____

6. We succeed when we work a lot.

_____

7. I finish each sentence.

_____

8. My brother gains weight when he eats a lot.

_____

Vrai ou faux? (*True or false?*)

1. _____ Les œufs pourrissent.

2. _____ La baguette maigrit dans l'assiette.

3. _____ Les céréales rougissent dans le lait.

4. _____ Les bananes jaunissent au soleil.

5. _____ Le poisson choisit le toast.

6. _____ Le riz blanchit dans l'eau chaude (*hot*).

7. _____ Le vin brunit toujours vite.

8. _____ La limonade mûrit.

Faits divers (*Fun facts*)

Les fleurs et les couleurs (*Flowers and colors*)

Beaucoup de verbes réguliers en -*ir* sont dérivés du nom d'une couleur. Observez!

- blanchir (*to turn white*): Les lys (*lilies*) blanchissent.
- bleuir (*to turn blue*): Les pétales du myosotis (*forget-me-not*) bleuissent.
- brunir (*to turn brown*): Le cœur des tournesols (*the heart of the sunflowers*) brunit.
- jaunir (*to turn yellow*): Les pétales des tournesols jaunissent.
- noircir (*to turn black*): Les pétales noircissent quand ils vieillissent.
- rougir (*to turn red*): Les pétales des coquelicots (*poppies*) rougissent.
- verdir (*to turn green*): Les tiges (*stems*) des fleurs verdissent.
- Jeu (*Game*): Je t'aime un peu, beaucoup, passionnément, à la folie…

9

Adjectives
Colors
Likes and dislikes

Two-form adjectives

	SINGULAR	PLURAL
	jeune	jeunes

Three-form adjectives

	SINGULAR	PLURAL	SINGULAR	PLURAL
MASCULINE	gris	gris	heureux	heureux
FEMININE	grise	grises	heureuse	heureuses

Four-form adjectives

	SINGULAR	PLURAL	SINGULAR	PLURAL
MASCULINE	petit	petits	grand	grands
FEMININE	petite	petites	grande	grandes

NOTEZ   Adjectives with two forms vary only in number (singular or plural), whereas adjectives with four forms vary in both gender and number. However, adjectives derived from the names of *fruit*, such as **orange** (*orange*) or **marron** (*chestnut brown*) are invariable they do not change in number or gender.

Position of adjectives

Most French adjectives follow the noun. Colors always follow the noun they describe.

une fleur jaune   *a yellow flower*   le thé vert   *the green tea*

VOCABULAIRE

Les couleurs (Colors)

black	**noir**	orange	**orange**
blue	**bleu**	pink	**rose**
brown	**brun**	purple	**violet**
brown	**marron**	red	**rouge**
gray	**gris**	white	**blanc**
green	**vert**	yellow	**jaune**

NOTEZ The feminine form of **blanc** is **blanche**; the feminine form of **violet** is **violette**.

Traduisez! (*Translate!*)

1. the green salad _____

2. the white egg _____

3. the brown rice _____

4. the pink ice cream _____

5. the yellow rice _____

6. the green tea _____

7. the white milk _____

8. the red juice _____

9. the orange juice _____

10. a purple salad _____

11. the black coffee _____

12. the gray tea _____

De quelle couleur est… ? (*What color is . . . ?*) *Write a complete sentence in which you indicate the most usual color of each item.*

1. De quelle couleur est la tomate?

_____

2. De quelle couleur est la glace au chocolat?

_____

3. De quelle couleur est la soupe au brocoli?

_____

4. De quelle couleur est le chocolat?

_____

5. De quelle couleur est le maïs (*corn*)?

_____

6. De quelle couleur est le jus d'orange?

_____

7. De quelle couleur est le céleri?

_____

8. De quelle couleur est la betterave (*beet*)?

_____

9. De quelle couleur est le café?

_____

10. De quelle couleur est le lait?

_____

Expressing likes and dislikes

J'aime... un peu.	*I like . . . a little.*
J'aime... beaucoup.	*I like . . . a lot.*
Je n'aime pas...	*I do not like . . . .*
Je n'aime pas du tout...	*I do not like . . . at all.*
J'adore...	*I love . . .*

NOTEZ   When expressing likes and dislikes of foods in general, use the definite article **le**, **la**, **l'**, or **les** before the name of the food: **J'aime les œufs** (*I like eggs*).

EXERCICE
9·3

Écrivez des phrases! (*Write sentences!*)

1. I love French fries and green salad.

_____

2. I do not like coffee at all.

_____

3. I like croissants a lot in the morning.

_____

4. I love chocolate ice cream.

_____

5. I do not like cake at all.

_____

6. Sometimes I like milk in the evening.

_____

7. I like vegetables a little.

_____

8. I do not like cereal.

_____

9. I like a baguette a lot in the morning and in the evening.

_____

10. I like a little bit of water with my wine.

_____

Faits divers (*Fun facts*)

La personnalité et les couleurs (*Personality and colors*)

Les couleurs reflètent la personnalité? Chaque individu préfère une certaine couleur? Quelle est votre couleur favorite? Est-ce que la couleur représente effectivement votre personnalité?

- Ma couleur favorite est le rouge: je suis passionné(e) et j'aime le risque.
- Ma couleur favorite est le marron: Je suis honnête et j'aime la stabilité.
- Ma couleur favorite est le jaune: Je suis dynamique et j'aime la joie de vivre.
- Ma couleur favorite est le vert: Je suis optimiste et j'adore les projets.
- Ma couleur favorite est le bleu: Je suis responsable et j'aime les arts.
- Ma couleur favorite est le noir: Je suis discrète. J'aime l'élégance simple.
- Ma couleur favorite est le blanc: Je suis idéaliste et j'adore rêver (*to dream*).

Descriptive adjectives
More than

10

VOCABULAIRE

Quelques adjectives de description
(*Some descriptive adjectives*)

Two-form descriptive adjectives: these adjectives have one single form in the singular (masculine and feminine) and one single form in the plural (masculine and feminine).

	SINGULAR (MASCULINE AND FEMININE)	PLURAL (MASCULINE AND FEMININE)
energetic	**énergique**	**énergiques**
famous	**célèbre**	**célèbres**
nice/kind	**aimable**	**aimables**
rich	**riche**	**riches**
sincere	**sincère**	**sincères**
responsible	**responsable**	**responsables**
shy	**timide**	**timides**
slim	**mince**	**minces**
weak	**faible**	**faibles**
young	**jeune**	**jeunes**

Three-form adjectives: these adjectives have the same form in the masculine singular and plural but different forms in feminine singular and plural forms.

	SINGULAR AND PLURAL	SINGULAR	PLURAL
	MASCULINE	FEMININE	FEMININE
courageous	**courageux**	**courageuse**	**courageuses**
curious	**curieux**	**curieuse**	**curieuses**
delicious	**délicieux**	**délicieuse**	**délicieuses**
generous	**généreux**	**généreuse**	**généreuses**
happy	**heureux**	**heureuse**	**heureuses**
serious	**sérieux**	**sérieuse**	**sérieuses**

Four-form descriptive adjectives: these adjectives change from masculine to feminine and from singular to plural.

	SINGULAR		PLURAL	
	MASCULINE	FEMININE	MASCULINE	FEMININE
active	**actif**	**active**	**actifs**	**actives**
athletic	**sportif**	**sportive**	**sportifs**	**sportives**
big	**grand**	**grande**	**grands**	**grandes**
fun	**amusant**	**amusante**	**amusants**	**amusantes**
intelligent	**intelligent**	**intelligente**	**intelligents**	**intelligentes**
small	**petit**	**petite**	**petits**	**petites**
strong	**fort**	**forte**	**forts**	**fortes**

	SINGULAR		PLURAL	
	MASCULINE	FEMININE	MASCULINE	FEMININE
polite	**poli**	**polie**	**polis**	**polies**
old	**âgé**	**âgée**	**âgés**	**âgées**
pretty	**joli**	**jolie**	**jolis**	**jolies**
ugly	**laid**	**laide**	**laide**	**laides**

NOTEZ Adjectives such as **super** that come from English, adjectives that come from edible items such as **marron** (*chestnut*), and abbreviated adjectives such as **sympa** (from **sympathique**—nice) are invariable. They do not change in gender or number.

EXERCICE
10·1

Descriptions! (*Descriptions!*) Write the plural form of each adjective-noun phrase, and then translate each plural phrase into English.

EXEMPLES: le grand dictionnaire *les grands dictionnaires* *the big dictionaries*
un papier blanc *des papiers blancs* *(some) white papers*

PLURAL TRANSLATION

1. la petite fille _____ _____

2. la dame mince _____ _____

3. le grand garçon _____ _____

4. une mère sérieuse _____ _____

5. un père amusant _____ _____

6. un chien super _____ _____

7. une personne sociable _____ _____

8. la fleur blanche _____ _____

9. le livre bleu _____ _____

10. le feutre rouge _____ _____

11. l'oncle riche _____ _____

12. une tante sympa _____ _____

13. un professeur passionné _____ _____

14. un frère âgé _____ _____

15. une sœur généreuse _____ _____

16. une fille sportive _____ _____

17. un gâteau délicieux _____ _____

18. une boisson délicieuse _____ _____

EXERCICE 10·2

Vrai ou faux? (*True or false?*)

1. _____ Arnold Schwarzenegger est mince et faible.

2. _____ Bill Gates est intelligent.

3. _____ Shaquille O'Neal est grand et fort.

4. _____ Les étudiants sont généralement polis avec le directeur.

5. _____ Cendrillon est heureuse dans la maison de sa belle-mère.

6. _____ Les sœurs de Cendrillon sont aimables.

7. _____ La belle-mère de Cendrillon est généreuse.

8. _____ Le prince dans *Cendrillon* est riche.

9. _____ Hansel et Gretel sont très petits.

10. _____ La dame âgée dans l'histoire de *Hansel et Gretel* est jolie.

VOCABULAIRE

Everyday words

his/her	**son/sa/ses**
handsome /beautiful	**beau(x)/belle(s)**
new	**nouveau(x)/nouvelle(s)**

NOTEZ To express *his* or *her*, use **son** before a masculine singular noun and before any singular noun starting with a vowel sound. Use **sa** before a feminine singular noun starting with a consonant. Finally, use **ses** before any plural noun. The adjectives **beau** and **nouveau** end in **x** in the masculine plural forms.

EXERCICE 10·3

Écrivez des phrases! (*Write sentences!*)

1. She is active and her brother is athletic.

   _____

2. His sons are handsome and his daughters are beautiful.

   _____

3. The girl is little but her brother is tall.

   _____

4. Her dog is brown and energetic.

_____

5. His flowers are big, white, and beautiful.

_____

Comparing with *more than*

more + adjective + than   **plus** + adjective + **que/qu'**
Her brother is taller (more tall) than she (is).   **Son frère est plus grand qu'elle.**

EXERCICE
10·4

Vrai ou faux? (*True or false?*)

1. _____ Un jeune chien est plus énergique qu'un chien âgé.

2. _____ La France est plus grande que le Canada.

3. _____ L'océan Pacifique est plus petit que la mer Méditerranée.

4. _____ Un éléphant est plus fort qu'un singe.

5. _____ La Maison Blanche est plus belle que ma maison.

6. _____ Un myosotis est plus faible qu'un tournesol.

7. _____ Les acrobates sont plus amusants que les clowns.

8. _____ Les millionnaires sont plus riches que nous.

Faits divers (*Fun facts*)

Astérix et Obélix

Dans la bande dessinée, Astérix est petit mais fort et courageux. Son compagnon Obélix est énorme, sensible et très fort aussi. Obélix mange beaucoup plus qu'Astérix et il est plus fort qu'Astérix excepté quand Astérix boit (*drinks*) la potion magique. Mais Astérix est plus intelligent qu'Obélix. Les deux compagnons sont super!

Leçons 6–10

Vocabulaire *Write the English infinitive for each of the following verbs.*

1. finir   _____

2. parler   _____

3. regarder   _____

4. choisir   _____

5. étudier   _____

6. chanter   _____

7. grossir   _____

8. créer   _____

9. présenter   _____

10. maigrir   _____

11. blanchir   _____

12. danser   _____

13. porter   _____

14. jaunir   _____

15. adorer   _____

16. chanter   _____

17. vieillir   _____

18. rougir   _____

19. rêver   _____

20. réussir   _____

Quel est le plus grand? *Mark an X in the correct column to indicate which of the two items in each pair is larger.*

1. _____ le numéro 4   _____ le numéro 5

2. _____ la maison   _____ la cuisine

3. _____ le cheval   _____ la poule

4. _____ le verre   _____ l'assiette

5. _____ beaucoup   _____ un peu

6. _____ le feutre   _____ le bureau

7. _____ le livre   _____ la porte

8. _____ le pyjama   _____ la chaussette

9. _____ la chemise   _____ le manteau

10. _____ un jour   _____ une semaine

Où faites-vous généralement cela? *Write* **M**, **R**, *or* **É** *in the column that corresponds to the place where you are more likely to do each activity:* **à la maison** *(at home =* **M**), **au restaurant** *(at the restaurant =* **R**), *or* **à l'école** *(at school =* **É**). *Some activities may fit in more than one column.*

	À LA MAISON	AU RESTAURANT	À L'ÉCOLE
1. Je regarde la télévision.	_____	_____	_____
2. Je dîne avec ma famille.	_____	_____	_____
3. Je finis un exercice.	_____	_____	_____
4. J'étudie le français.	_____	_____	_____
5. Je parle avec mon professeur.	_____	_____	_____
6. Je porte mon pyjama.	_____	_____	_____
7. Je mange des œufs bénédicte.	_____	_____	_____
8. Je parle au serveur.	_____	_____	_____
9. Je commande des frites.	_____	_____	_____
10. Je présente un exposé oral.	_____	_____	_____

Un sondage (*Survey*).   *Tell whether you like something* **un peu** (*a little*), **beaucoup** (*a lot*), *or* **pas du tout** (*not at all*) *by writing X in the appropriate column. Answers may vary.*

	UN PEU	BEAUCOUP	PAS DU TOUT
1. les légumes	_____	_____	_____
2. l'eau minérale	_____	_____	_____
3. le français	_____	_____	_____
4. les examens	_____	_____	_____
5. le samedi	_____	_____	_____
6. le gâteau au chocolat	_____	_____	_____
7. le poulet	_____	_____	_____
8. les personnes polies	_____	_____	_____
9. les professeurs amusants	_____	_____	_____
10. les chiens laid	_____	_____	_____

Écrivez des phrases! (*Write sentences!*)

1. When I work a lot, I succeed.

_____

2. My teachers are very serious and very responsible.

_____

3. My family is fun. My parents are great!

_____

4. Sometimes when I speak French, I blush.

_____

5. The bananas turn yellow; then they turn brown.

_____

6. We dance every Sunday.

_____

7. I love yellow rice.

_____

8. I like a green salad with my chicken.

_____

EXERCICE
R2·6

Vrai ou faux? (*True or false?*)

1. _____ Les sportifs sont faibles.

2. _____ Les jeunes chiens sont énergiques.

3. _____ Sarah Palin est timide.

4. _____ George Clooney est laid.

5. _____ Lebron James est petit.

6. _____ Les acteurs célèbres sont riches.

7. _____ Les personnes généreuses donnent de l'argent (*money*) aux pauvres.

8. _____ Les pompiers (*firefighters*) sont courageux.

EXERCICE
R2·7

Choisissez la bonne réponse! (*Choose the correct answer!*)

1. Sa tante est la sœur de...

   a. son père　　　b. son oncle　　　c. son cousin

2. Le jaune et le bleu donnent...

   a. le vert　　　b. le rouge　　　c. le brun

3. L'Alaska est un état...

   a. petit　　　b. grand　　　c. nouveau

4. Dans la maison de mes parents, il y a...

   a. un loup　　　b. un renard　　　c. un chat

5. Je trouve le vocabulaire français dans...

   a. mon stylo　　　b. mon livre　　　c. le tableau

6. Dans la maison typique, il y a... cuisine(s).

   a. cinq   b. trois   c. une

7. Mes chaussettes sont plus... que mes chaussures.

   a. nouvelles   b. curieuses   c. actives

8. Les membres des Beatles...

   a. vieillissent   b. brunissent   c. grossissent

9. Dans la classe de français, nous finissons...

   a. le vin   b. les exercices   c. les couleurs

10. La tour Eiffel est plus... que l'Empire State Building.

   a. célèbre   b. petite   c. amusante

Faits divers (Fun facts)

Les personnages de Disney (Disney's characters)

Les animaux dans les films de Disney portent des vêtements. Par exemple, Mickey porte des gants blancs et des chaussures jaunes. Donald, le canard, porte une veste bleue et une petite casquette bleue.

Dans *La Belle et la bête*, il y a une jolie jeune fille. C'est Belle. Il y a aussi une bête très laide qui se transforme en prince.

Pinocchio est d'abord un pantin de bois très naïf. Il écoute le loup et le renard et fait des bêtises. Ensuite le courageux Pinocchio sauve son père Geppetto d'une grosse baleine. À la fin de l'histoire, il se transforme en vrai garçon.

Grammar

Vocabulary

Fun facts

Regular -re verbs
Common -re verbs

11

Conjugation of regular -re verbs

vendre *to sell*

je	vends	nous	vendons
tu	vends	vous	vendez
il	vend	ils	vendent
elle	vend	elles	vendent
on	vend		

perdre *to lose*

je	perds	nous	perdons
tu	perds	vous	perdez
il	perd	ils	perdent
elle	perd	elles	perdent
on	perd		

VOCABULAIRE

Quelques verbes en *-re* (A *few* **-re** *verbs*)

to answer	**répondre (à)**	to lose	**perdre**
to defend	**défendre**	to return	**rendre**
to go down/to get off	**descendre**	to sell	**vendre**
to hear	**entendre**	to wait for	**attendre**

EXERCICE
11·1

Écrivez des phrases! (*Write sentences!*)

1. I wait for my parents.

   _____

2. A mother defends her children.

   _____

3. We go down the stairway.

   _____

4. Sometimes you (*pl.*) lose a match.

_____

5. He sells his house.

_____

6. You (*fam.*) return the book.

_____

7. I hear the question.

_____

8. The students answer many questions.

_____

EXERCICE
11·2

Choisissez la fin appropriée de chaque phrase! (*Choose the appropriate ending for each sentence!*)

1. _____ Le chien défend   a. des livres à son professeur.

2. _____ Nous perdons   b. au garage.

3. _____ Les professeurs entendent c. à la question de mon professeur.

4. _____ Il rend   d. son maître.

5. _____ Mon oncle vend   e. que le film commence.

6. _____ Vous descendez   f. les questions des étudiants.

7. _____ Nous attendons   g. le match de tennis.

8. _____ Je réponds   h. sa maison pour 200.000 dollars.

EXERCICE
11·3

Vrai ou faux? (*True or false?*)

1. _____ Les enfants vendent les maisons.

2. _____ Vous descendez de la Tour Eiffel en cinq secondes.

3. _____ Les agents de police défendent les personnes civiles.

4. _____ Un employé de 911 répond vite.

5. _____ Une personne âgée entend beaucoup plus qu'une jeune personne.

6. _____ Un chien bien dressé (*well-trained*) attend son maître.

7. _____ Les joueurs avec le plus de points perdent le match.

8. _____ Les étudiants avancés répondent plus vite que les débutants en classe.

VOCABULAIRE

Everyday words

cell phone	**le (téléphone) portable**	on	**sur**
downstairs	**en bas**	to ring	**sonner**
the lottery	**la loterie**	upstairs	**en haut**
some money	**de l'argent** (*m.*)	wallet	**le portefeuille**

EXERCICE 11·4

Écrivez des phrases! (*Write sentences!*)

1. Sometimes I don't hear the telephone.

_____

2. When my cell phone rings, I answer fast.

_____

3. When I play the lottery, I always lose some money.

_____

4. My parents wait for the taxi.

_____

5. When they arrive at the restaurant, they get out (off).

_____

6. My mother gives some money to the driver (**au chauffeur**) from her wallet.

_____

7. I go down to the living room and I watch tennis on the big television.

_____

8. But my favorite player (**joueur favori**) loses the match.

_____

Faits divers (*Fun facts*)

Un film français (A French movie)

Dans le film *Six heures à perdre* (*Six Hours to Lose*), un passager descend de son train et attend un autre train pendant six heures. Mais un chauffeur particulier prend (*takes*) le passager pour son employeur, un homme riche, un ambassadeur. Le passager passe six heures dans la famille de l'ambassadeur et résout beaucoup de problèmes. La fin du film est inattendue (*unexpected*).

Asking questions
Interrogatives

·12·

Asking simple questions

STATEMENT	SIMPLE QUESTION	SIMPLE QUESTION	SIMPLE QUESTION
	RISING PITCH OF VOICE	**EST-CE QUE/QU'** + STATEMENT	INVERSION
Il étudie.	Il étudie?	Est-ce qu'il étudie?	Étudie-t-il?
He studies.	*Does he study?*	*Does he study?*	*Does he study?*

NOTEZ   The inserted -**t**- is necessary in inversions with regular -**er** verbs in the third person singular with the subjects **il**, **elle**, and **on**.

The answer to an affirmative simple question is **oui** (*yes*) or **non** (*no*). However, a *yes* answer to a negative simple question is **si**.

EXERCICE
12·1

Répondez oui/si ou non! (*Answer yes or no.*)   *Answers may vary.*

1. Tes parents jouent à la loterie chaque jour? _____

2. Il n'y a pas de bureau dans la classe de français? _____

3. Tu perds de l'argent quelquefois? _____

4. Tu attends l'autobus le samedi? _____

5. Tu réponds vite au téléphone? _____

6. Il n'y a pas de télévision dans ta maison? _____

7. Tu as des frères? _____

8. Tes professeurs sont sympa? _____

Écrivez chaque question avec la syntaxe d'une déclaration! (*Write each question using the word order of a statement!*)   *Use the familiar forms (***tu*** and ***ton***, ***ta***, ***tes***).*

1. Do you study a lot?

   _____

2. Do you play tennis every day?

   _____

3. Do you like French?

   _____

4. Are your teachers nice?

   _____

5. Is there a map in your classroom?

   _____

6. Does your mother work?

   _____

7. Is your cell phone upstairs?

   _____

8. Do your parents hear the phone?

   _____

Écrivez chaque question avec *est-ce que*! (*Write each question with* **est-ce que***!*)

1. Do you (*form.*) answer?

   _____

2. Does she play the lottery?

   _____

3. Do you (*pl.*) like French fries?

   _____

4. Are your (*fam.*) parents generous?

   _____

5. Are the girls waiting?

_____

6. Do you (*form.*) hear the phone?

_____

7. Is your (*form.*) cell phone upstairs?

_____

8. Do you (*pl.*) blush?

_____

EXERCICE

12·4

Écrivez chaque question avec l'inversion! (*Write each question with an inversion!*)

1. Do you (*form.*) study a lot?

_____

2. Do you (*form.*) play tennis every day?

_____

3. Do we like French?

_____

4. Are they (*m.*) nice?

_____

5. Is she beautiful?

_____

6. Do you (*form.*) get off here?

_____

7. Do they (*m.*) finish the exercise?

_____

8. Does she sell (some) houses?

_____

Asking complex questions

STATEMENT/ANSWER	COMPLEX QUESTION	COMPLEX QUESTION
EST-CE QUE/QU'	*INVERSION*	
Elle travaille en France.	Où est-ce qu'elle travaille?	Où travaille-t-elle?

EXERCICE

12·5

Choisissez la réponse logique à chaque question. (*Choose the appropriate answer for each question.*)

1. _____ Dans la classe de français.
2. _____ Je n'ai pas d'argent.
3. _____ Le soir.
4. _____ Les frites et le poulet.
5. _____ Un film d'aventure.
6. _____ Il est super!
7. _____ Elle a une nouvelle voiture.
8. _____ Le matin.

a. Quand est-ce que tu étudies?
b. Qu'est-ce qu'il y a à la télévision?
c. Pourquoi est-elle heureuse?
d. Comment est le film?
e. Quand manges-tu tes céréales?
f. Où parles-tu français?
g. Qu'est-ce que tu aimes manger?
h. Pourquoi vends-tu ton iPod?

Écrivez des questions et des réponses! (*Write questions and answers!*) Use **est-ce que** *for numbers 1–4, and use an inversion for numbers 5–8.*

1. When do you (*fam.*) eat? —I eat in the morning.

   _____

2. What do the students like? —They like chocolate milk.

   _____

3. Where do the girls dance every day? —They dance here at school.

   _____

4. Why do you (*pl.*) study French? —Because we love French.

   _____

5. When do you (*fam.*) speak to your parents? —In the evening, during dinner.

   _____

6. Where do you (*fam.*) get off? —I get off over there.

   _____

7. How do they (*m.*) finish so (**si**) fast? —They are serious during class.

   _____

8. Why do you (*fam.*) blush? —Because I'm shy.

   _____

Faits divers (*Fun facts*)

Les fêtes populaires (*Popular celebrations*)

Quand est-ce que les Français célèbrent la fête de la Bastille? —C'est le 14 juillet.
Comment célèbrent-ils la fête de la Bastille? —Il y a des feux d'artifice et ils dansent.
Où est-ce qu'ils dansent? —Ils dansent dans les rues, dans les cafés et dans les salles de bal.
   Pourquoi est-ce que les Américains célèbrent Thanksgiving? —C'est en commémoration de l'arrivée des pèlerins en Amérique. Que mangent-ils pendant la fête de Thanksgiving? —Ils mangent de la dinde et du gâteau au potiron.

The verb être
Occupations

Conjugation of être

être *to be*

je	suis	nous	sommes
tu	es	vous	êtes
il	est	ils	sont
elle	est	elles	sont
on	est		

VOCABULAIRE

Les occupations (*Occupations*)

	MASCULINE	FEMININE
actor/actress	**l'acteur**	**l'actrice**
artist	**l'artiste** (*m.*)	**l'artiste** (*f.*)
businessperson	**l'homme d'affaires**	**la femme d'affaires**
computer specialist	**l'informaticien**	**l'informaticienne**
dentist	**le dentiste**	**la dentiste**
doctor/physician	**le docteur / le médecin**	**le docteur / le médecin**
electrician	**l'électricien**	**l'électricienne**
farmer	**le fermier**	**la fermière**
fireman	**le pompier**	**le pompier**
lawyer/attorney	**l'avocat**	**l'avocate**
musician	**le musicien**	**la musicienne**
nurse	**l'infirmier**	**l'infirmière**
policeman/woman	**l'agent de police** (*m.*)	**l'agent de police** (*f.*)
politician	**le politicien**	**la politicienne**
principal	**le directeur**	**la directrice**
professor/teacher	**le professeur**	**la professeur**
salesperson	**le vendeur**	**la vendeuse**
secretary	**le secrétaire**	**la secrétaire**
singer	**le chanteur**	**la chanteuse**
waiter/waitress	**le serveur**	**la serveuse**
writer	**l'écrivain**	**l'écrivaine**

NOTEZ We have given the feminine gender to some occupations such as **l'écrivaine** (*female writer*) because this usage is now common in newspapers and everyday life, although it may not yet be sanctioned by the French Academy. Several of these forms have long been used in Canadian French.

Using c'est, il est, elle est with occupations

Il/Elle est + *occupation*		**C'est** + *article* + *occupation*	
Marie?	Elle est informaticienne.	C'est une informaticienne.	*She is a computer specialist.*
Jean?	Il est fermier.	C'est un fermier.	*He is a farmer.*

EXERCICE 13·1

Vrai ou faux? (*True or false?*)

1. _____ Sanjay Gupta? C'est un médecin.

2. _____ Julia Roberts? C'est une chanteuse.

3. _____ Joe Biden? C'est un athlète professionnel.

4. _____ Brad Pitt? C'est un politicien.

5. _____ Hillary Clinton? C'est une politicienne.

6. _____ Renoir? C'est un artiste.

7. _____ Donald Trump? C'est un homme d'affaires.

8. _____ Stephen Hawking? C'est un fermier.

9. _____ Simone de Beauvoir? C'est une écrivaine.

10. _____ Coco Chanel? C'est une chanteuse.

EXERCICE 13·2

Traduisez de deux façons différentes avec *c'est* et avec *il/elle est*.
(*Translate two different ways: with **c'est** and with **il/elle est**.*)

1. She is an actress. _____ _____

2. He is a dentist. _____ _____

3. She is a professor. _____ _____

4. He is a lawyer. _____ _____

5. She is a principal. _____ _____

6. He is a salesman. _____ _____

7. She is a nurse. _____ _____

8. He is a musician. _____ _____

Traduisez selon l'exemple. (*Translate according to the example.***)**

EXEMPLE: I am a doctor.   *Je suis docteur.*

1. We are policemen. _____

2. You (*pl.*) are firefighters. _____

3. She is a lawyer. _____

4. He is a dentist. _____

5. They (*m.*) are singers. _____

6. They (*f.*) are artists. _____

7. I am a businesswoman. _____

8. You (*fam.*) are an electrician (*m.*). _____

Révision des adjectifs.   *Translate for both masculine and feminine subjects.*

	MASCULINE	FEMININE
1. I am intelligent.	_____	_____
2. I am small.	_____	_____
3. I am curious.	_____	_____
4. I am responsible.	_____	_____
5. I am active.	_____	_____
6. You (*pl.*) are courageous.	_____	_____
7. You (*pl.*) are great.	_____	_____
8. You (*fam.*) are fun.	_____	_____
9. You (*pl.*) are tall.	_____	_____
10. You (*fam.*) are strong.	_____	_____

Faits divers (*Fun facts*)

Acteurs français (*French actors*)

Gérard Depardieu est un acteur français célèbre qui joue dans de nombreux films français comme *Jean de Florette* et *Astérix*. Dans le film *Cyrano de Bergerac* de 1990, Depardieu joue le rôle de Cyrano de Bergerac, un homme au nez (*nose*) très grand et aux cheveux (*hair*) très longs. Il joue aussi le rôle d'un pianiste dans le film américain *Green Card*.

Audrey Tautou est une actrice française très connue pour ses rôles dans les films *Amélie*, *Le code de Vinci* et *Coco avant Chanel*. C'est une star internationale. Elle est jolie, mince et a beaucoup de talent.

Possessive adjectives
Using the verb être

Possessive adjectives

my	**mon/ma/mes**	our	**notre/nos**
your (*fam.*)	**ton/ta/tes**	your (*form./pl.*)	**votre/vos**
his/her	**son/sa/ses**	their	**leur/leurs**

EXERCICE
14·1

Traduisez! (*Translate!*)

EXEMPLE: *my hat*   <u>*mon chapeau*</u>   *my hats*   <u>*mes chapeaux*</u>

SINGULAR   PLURAL

1. my map _____   my maps _____

2. your (*fam.*) book _____   your books _____

3. his house _____   his houses _____

4. our teacher _____   our teachers _____

5. their class _____   their classes _____

6. your (*form.*) brother _____   your brothers _____

7. her dog _____   her dogs _____

8. my uncle _____   my uncles _____

9. our kitchen _____   our kitchens _____

10. his shirt _____   his shirts _____

Using être

CLOCK TIME	Il est midi.	*It is noon.*
DAY OF THE WEEK	C'est mardi.	*It is Tuesday.*
DATE	C'est le 2 juin.	*It is June 2.*
OCCUPATION	Elle est médecin. / C'est un médecin.	*She is a physician.*
RELATIONSHIP	C'est mon cousin.	*He is / This is my cousin.*
NATIONALITY	Elle est américaine.	*She is American.*

Vrai ou faux? (*True or false?*)

1. _____ Nicolas Sarkozy? C'est un médecin.

2. _____ Il est trois heures du matin. Je suis à l'école.

3. _____ Aujourd'hui (*Today*), c'est dimanche. Les parents travaillent.

4. _____ Monique est la mère de mon père. C'est ma grand-mère.

5. _____ La fête de la Bastille? C'est le 4 juillet.

6. _____ Thanksgiving? C'est le dernier (*last*) jeudi d'avril.

7. _____ Picasso est un artiste français.

8. _____ Audrey Tautou et Gérard Depardieu sont acteurs.

9. _____ Hemingway est américain. C'est un écrivain.

10. _____ La fête de l'Indépendance américaine, c'est le 14 juillet.

Traduisez! (*Translate!*)

1. I am friendly. _____

2. You (*fam.*) are shy. _____

3. He is tall. _____

4. She is generous. _____

5. We are energetic. _____

6. You (*pl.*) are slim. _____

7. They (*m.*) are here. _____

8. They (*f.*) are over there. _____

VOCABULAIRE

Everyday words

at what time	**à quelle heure**	late	**en retard**	on time	**à l'heure**
early	**en avance**	now	**maintenant**	who	**qui**

Posez des questions avec l'inversion. (Ask questions using inversion.)

1. Where are you (*fam.*) now? _____

2. Are you (*pl.*) late? _____

3. Where is his sister? _____

4. At what time is the celebration? _____

5. What is your (*fam.*) teacher like? _____

6. Where are the students? _____

7. Are we early? _____

8. Are they (*f.*) over there? _____

Quel pays est-ce? *(What country is it?)* Name the country in French.

1. C'est un petit pays en Europe où les habitants parlent français, allemand, romanche et italien. C'est _____.

2. C'est un très grand pays sur le continent américain où les habitants parlent français et anglais. C'est _____.

3. C'est le pays où les touristes visitent des villes (*cities*) comme Versailles et Paris. C'est _____.

4. La capitale de ce pays est Bruxelles. Les habitants parlent français et flamand. C'est _____.

5. C'est un pays d'Afrique du Nord. Les habitants parlent arabe et français. Sa capitale est Rabat. C'est _____.

The verb **avoir**
Inside the house

Conjugation of **avoir**

avoir *to have*

j'	ai	nous	avons
tu	as	vous	avez
il	a	ils	ont
elle	a	elles	ont

VOCABULAIRE

L'intérieur de la maison (*Inside the house*)

armchair	**le fauteuil**	lamp	**la lampe**
bathtub	**la baignoire**	mirror	**le miroir / la glace**
bed	**le lit**	painting	**le tableau**
bookcase	**l'étagère** (*f.*)	rug	**le tapis**
closet	**le placard**	shower	**la douche**
cupboard	**le placard**	sink (*bathroom*)	**le lavabo**
curtain	**le rideau**	sink (*kitchen*)	**l'évier** (*m.*)
dresser	**la commode**	sofa	**le sofa**
fireplace	**la cheminée**	wall	**le mur**

EXERCICE
15·1

Écrivez des phrases!

1. I have a lamp and a bed. _____.

2. You (*fam.*) have two closets. _____

3. She has a dresser and a mirror. _____

4. He has a rug. _____

5. We have a bookcase and a fireplace. _____

6. You (*pl.*) have two curtains. _____

7. The boys have a bathtub and a shower. _____

8. The girls have a sofa. _____

Où est-ce? (*Where is it?*) *In which room would you most likely find the following items? Mark an X on the appropriate lines.*

	SALLE DE BAINS	CHAMBRE	CUISINE	SALON
1. le lavabo	_____	_____	_____	_____
2. le tableau	_____	_____	_____	_____
3. la commode	_____	_____	_____	_____
4. le placard	_____	_____	_____	_____
5. la lampe	_____	_____	_____	_____
6. la cheminée	_____	_____	_____	_____
7. le sofa	_____	_____	_____	_____
8. le lit	_____	_____	_____	_____

Vrai ou faux? (*True or false?*)

1. _____ Une très grande maison a une chambre.

2. _____ Une petite salle de bains a probablement un lavabo.

3. _____ J'ai deux lavabos dans ma cuisine.

4. _____ Un salon a quelquefois une cheminée.

5. _____ Nos amis n'ont pas de télévision à la maison.

6. _____ Tes parents ont trois lits.

Posez des questions *avec est-ce que/qu'.* (**Ask questions with est-ce que/qu'.**)

1. Do you (*fam.*) have a bathtub? _____

2. Does your (*fam.*) bedroom have a bookshelf? _____

3. Do his parents have a big bed? _____

4. Does she have one or two kitchen sinks? _____

5. Do you (*pl.*) have a rug in the living room? _____

6. Do the girls have a mirror? _____

Faits divers (*Fun Facts*)

La salle de bains française (*The French bathroom*)

Dans une salle de bains française bien équipée, il y a un lavabo, un miroir, une baignoire avec une douche à main (*hand-held*), un ou deux sèche-serviettes et naturellement un bidet. Attention: Le bidet n'est pas un W.C.

Leçons 11–15

EXERCICE R3·1

Vocabulaire *Match the following items.*

1. _____ en bas
2. _____ le rideau
3. _____ en retard
4. _____ l'avocate
5. _____ le pompier
6. _____ en haut
7. _____ le placard
8. _____ la baignoire
9. _____ le médecin
10. _____ à l'heure

a. on time
b. the doctor
c. the firefighter
d. the bathtub
e. the curtain
f. the lawyer
g. upstairs
h. late
i. downstairs
j. the closet

EXERCICE R3·2

Écrivez des phrases complètes.

1. The sofa in his living room is ugly. _____

2. There is a bathroom upstairs. _____

3. We have a big sink in our garage. _____

4. There are two doctors in our family. _____

5. Her teachers are very friendly. _____

6. They have two bookshelves in their room. _____

EXERCICE

R3·3

Conjuguez les verbes suivants. (*Conjugate the following verbs.*)

	JE	TU	IL/ELLE	NOUS	VOUS	ILS/ELLES
1. rougir *to blush*	_____	_____	_____	_____	_____	_____
2. porter *to wear*	_____	_____	_____	_____	_____	_____
3. perdre *to lose*	_____	_____	_____	_____	_____	_____
4. finir *to finish*	_____	_____	_____	_____	_____	_____
5. attendre *to wait*	_____	_____	_____	_____	_____	_____
6. avoir *to have*	_____	_____	_____	_____	_____	_____
7. être *to be*	_____	_____	_____	_____	_____	_____
8. écouter *to listen*	_____	_____	_____	_____	_____	_____

EXERCICE

R3·4

Qu'est-ce que les choses suivantes ont en commun? (*What do the following things have in common?*)

1. _____ le lavabo, le miroir, la baignoire
2. _____ le lait, l'eau, le vin
3. _____ le gâteau, la glace, le fruit
4. _____ le professeur, le fermier, l'artiste
5. _____ la règle, la carte, le bureau
6. _____ la robe, la chaussure, le pull
7. _____ rouge, bleu, vert
8. _____ la sœur, la cousine, les parents

a. Ce sont des vêtements.
b. Ce sont des couleurs.
c. Ils sont dans une salle de bains.
d. Ce sont des membres d'une famille.
e. Ce sont des boissons.
f. Ce sont des occupations.
g. Ce sont des desserts.
h. Ils sont dans une salle de classe.

EXERCICE
R3·5

Qui suis-je? (*Who am I?*)

Mon vrai nom de famille est Voight, mais je porte maintenant un nom de famille français (c'est mon deuxième prénom). Je parle très bien le français et j'adore la France. Je suis actrice. Je joue dans beaucoup de films et je suis heureuse de jouer avec des acteurs célèbres comme Nicolas Cage, Matt Damon et Colin Farrell. Je suis ambassadrice pour l'United Nations High Commissioner for Refugees et je visite des pays africains pauvres. Je parle à des réfugiés en Thaïlande, en Équateur ou à Kosovo. J'ai trois enfants adoptés et trois enfants biologiques, et j'adore Brad Pitt.

EXERCICE
R3·6

Associez les questions avec les réponses. (*Match the questions and answers.*)

1. _____ Comment est ta maison?

2. _____ Qu'est-ce que tu as dans ta chambre?

3. _____ Quand est-ce que tu dînes avec tes parents?

4. _____ Pourquoi a-t-il une règle?

5. _____ Où est sa sœur?

6. _____ Qui est le garçon là-bas?

a. Le samedi soir.

b. Dans sa chambre.

c. C'est mon cousin.

d. Il a un devoir de mathématiques.

e. J'ai un lit, une commode et une télévision.

f. Très grande, blanche avec des portes marron.

·IV·

Grammar

Vocabulary

Fun facts

BAGS adjectives
Locations

BAGS adjectives

Most French adjectives are placed after the noun in a noun phrase, but some descriptive adjectives generally appear before the noun. They can be grouped under the acronym BAGS, for *Beauty*, *Age*, *Good* and bad, *Size*.

BEAUTY		AGE	
beautiful	**beau/belle**	new	**nouveau/nouvelle**
handsome	**beau/belle**	old	**vieux/vieille**
pretty	**joli(e)**	young	**jeune**

GOOD AND BAD		SIZE	
bad	**mauvais(e)**	fat	**gros(se)**
good	**bon(ne)**	long	**long(ue)**
nice	**gentil(le)**	small/short	**petit(e)**
tall	**grand(e)**		

Other commonly used adjectives placed before the noun:

first **premier/première** only **seul(e)** other **autre** same **même**

NOTEZ The adjectives **beau**, **nouveau**, and **vieux** have a special form, which is used only before a masculine singular noun: **un vieil ami** (*an old friend*), **le nouvel an** (*the new year*), **un bel homme** (*a handsome man*). Also remember to use **petit(e)** to describe *short people*. (A *low table* is **une table basse**.)

VOCABULAIRE

D'autres occupations (Other occupations)

baker	**boulanger**	**boulangère**	grocer	**épicier**	**épicière**
banker	**banquier**	**banquière**	hair stylist	**coiffeur**	**coiffeuse**
butcher	**boucher**	**bouchère**	journalist	**journaliste**	**journaliste**
cook	**cuisinier**	**cuisinière**	mechanic	**mécanicien**	**mécanicienne**
employee	**employé**	**employée**	painter	**peintre**	**peintre**
gardener	**jardinier**	**jardinière**	pastry chef	**pâtissier**	**pâtissière**

EXERCICE
16·1

Traduisez! (*Translate!*)

	MASCULINE	FEMININE
1. a good pastry chef	_____	_____
2. an old gardener	_____	_____
3. a new painter	_____	_____
4. a nice employee	_____	_____
5. a good-looking hairdresser	_____	_____
6. the same banker	_____	_____

EXERCICE
16·2

Écrivez des phrases!

1. There is a new cook at the café. He is great!

   _____

2. I have the same hair stylist as she (does). She is pretty.

   _____

3. The old butcher is a little fat. But he is handsome.

   _____

4. I am your (*form.*) first employee.

   _____

5. Where is the young gardener? He is tall and slim.

   _____

6. Why is the journalist (*f.*) not here?

   _____

7. This is a bad mechanic. He is new.

   _____

8. The new grocer is young and pretty.

   _____

Les endroits dans le quartier (Places in the neighborhood)

airport	l'aéroport (m.)	museum	le musée
bakery	la boulangerie	park	le parc
bank	la banque	pastry shop	la pâtisserie
church	l'église (f.)	post office	la poste
gas station	la station service	restaurant	le restaurant
grocery	l'épicerie (f.)	shopping mall	le centre commercial
hair salon	le salon de coiffure	store	le magasin
hospital	l'hôpital (m.)	synagogue	la synagogue
hotel	l'hôtel (m.)	theater	le théâtre
library	la bibliothèque	train station	la gare
movie theater	le cinéma	university	l'université (f.)

EXERCICE 16·3

Où travaille chaque personne? (Where does each person work?)

1. _____ le vendeur
2. _____ l'épicière
3. _____ l'étudiant
4. _____ la serveuse
5. _____ le coiffeur
6. _____ la jardinière
7. _____ l'employé d'Air France
8. _____ le boulanger

a. le parc
b. le restaurant
c. la boulangerie
d. le magasin
e. l'aéroport
f. l'université
g. l'épicerie
h. le salon de coiffure

Faits divers (Fun facts)

Les premiers restaurants (First restaurants)

M. Boulanger ouvre le premier restaurant « moderne » à Paris vers 1765. C'est le premier à proposer de la nourriture sur table à toute heure. Il offre un choix de plats sur une carte. Dans les autres établissements, comme les auberges (inns), il y a seulement un plat proposé par le cuisinier.

VOCABULAIRE

Humeurs et émotions (*Moods and emotions*)

angry	**en colère**	in a bad mood	**de mauvaise humeur**
anxious	**anxieux (-se)**	in a good mood	**de bonne humeur**
bored	**ennuyé(e)**	jealous	**jaloux/jalouse**
disappointed	**déçu(e)**	nervous	**nerveux (-se)**
excited	**agité(e)/excité(e)**	proud	**fier/fière**
frustrated	**frustré(e)**	sad	**triste**
furious	**furieux (-se)**	scared	**effrayé(e)**
happy	**heureux (-se)**	surprised	**surpris(e)**

Notez The feminine form of **fier** is **fière** and the feminine form of **jaloux** is **jalouse**.

EXERCICE
17·1

Traduisez! (*Translate!*)

1. Her mother is furious.

_____

2. Your (*fam.*) father is frustrated.

_____

3. Your (*fam.*) brother is proud.

_____

4. Their parents are surprised.

_____

5. Are they (*m.*) happy?

_____

6. Why is she disappointed?

_____

7. I am in a good mood today.

_____

8. The little boy is scared.

_____

VOCABULAIRE

Everyday words

appointment/date	**le rendez-vous**	by	**par**
birth	**la naissance**	gift	**le cadeau**

**EXERCICE
17·2**

Vrai ou faux?

1. _____ Je suis de bonne humeur quand j'ai un F à l'examen.

2. _____ Les parents sont nerveux quand les enfants sont en retard.

3. _____ Une mère est fière de ses enfants quand ils ne sont pas gentils.

4. _____ Les passagers d'un train sont effrayés par l'accident.

5. _____ Le petit garçon est jaloux quand ses amis ont plus de cadeaux.

6. _____ Les étudiants sont très déçus quand ils ont beaucoup d'examens et de devoirs.

7. _____ La petite fille est nerveuse parce que c'est son premier rendez-vous avec un dentiste.

8. _____ Nous sommes déçus à la naissance d'un beau bébé.

9. _____ La jeune fille est agitée. Elle attend son ami mais il est en retard.

10. _____ Une personne furieuse est de bonne humeur.

Faits divers (Fun facts)

Les naissances (Births)

Où sont nés les bébés? Dans des fleurs? Dans des choux?

Dans beaucoup d'histoires, comme *Dumbo l'éléphant*, les cigognes livrent les nouveaux bébés aux mamans. Surprise!?

Comment ça va?
Health and fitness
Contractions with à

Comment ça va? *How are you? How are things?*

Ça va bien, merci.	*(I'm) fine, thanks.*
Ça va très bien, merci.	*(I'm) really fine, thanks.*
Ça va comme ci comme ça.	*(I'm) so-so*
Ça ne va pas mal.	*(I'm) not bad.*
Ça va mal.	*(I'm doing) badly.*

VOCABULAIRE

Santé et forme (*Health and fitness*)

to be healthy	**être bien-portant**	to have a cold	**être enrhumé(e)**
to be in shape	**être en forme**	to be so-so	**aller comme ci comme ça**
to be sick	**être malade**	to do badly	**aller mal**
to be tired	**être fatigué(e)**	to do fine	**aller bien**

NOTEZ Use a form of the verb **aller** to indicate how someone is feeling or doing as a response to the question **Comment ça va?**

EXERCICE
18·1

Traduisez!

1. I am (things are) fine.

   _____

2. He is healthy.

   _____

3. She is sick.

   _____

4. We (*m.*) are tired.

_____

5. The students have a cold.

_____

6. You (*fam.*) are in good shape!

_____

7. Things are not going badly.

_____

8. I am so-so.

_____

Contractions with à (*at/in/to*)

SINGULAR		PLURAL		
AT/IN/TO	FEMININE NOUN	NOUN STARTING	MASCULINE NOUN	ANY NOUN WITH VOWEL SOUND
	à la maison	à l'hôtel	au parc	aux concerts

Notez   **À la maison** not only means *in/at/to the house* but also *at home.*

Traduisez!

1. at home   _____

2. to the bakery   _____

3. in the store   _____

4. at the hospital   _____

5. to the hotel   _____

6. at the museums   _____

7. to the restaurants   _____

8. in (the) churches   _____

9. to the cafes   _____

10. to (the) theaters   _____

Écrivez des phrases!

1. I go to the hospital.

_____

2. She goes to the library.

_____

3. We go to the museum.

_____

4. You (*pl.*) go to the stores.

_____

5. They (*f.*) go home.

_____

6. He goes to the train station.

_____

7. You (*fam.*) are at the bakery.

_____

8. They (*m.*) go to the park.

_____

_____

Vrai ou faux?

1. _____ Il y a des trains au parc.

2. _____ Il y a des livres à la station essence.

3. _____ Il y a des magasins au centre commercial.

4. _____ Il y a des tableaux aux musées.

5. _____ Il y a des films au théâtre.

6. _____ Il y a des croissants à la boucherie.

7. _____ Il y a des vêtements à l'épicerie.

8. _____ Il y a des médecins à l'hôpital.

Faits divers (*Fun facts*)

Les musées (*Museums*)

Il y a beaucoup de musées en France: des musées d'art comme le Louvre, des musées d'histoire, des musées de science, des musées de l'aviation, des musées de la bande dessinée, des musées de la mode, etc. Il y a aussi un site web, *le Musée amusant*, créé par l'UNESCO; il est destiné aux enfants. Ils peuvent découvrir les lumières, les couleurs, les formes et les histoires des tableaux.

Vouloir
More clothes

Conjugation of vouloir

vouloir *to want*

je	veux	nous	voulons
tu	veux	vous	voulez
il	veut	ils	veulent
elle	veut	elles	veulent
on	veut		

VOCABULAIRE

D'autres vêtements (*Other items of clothing*)

bathrobe	**la robe de chambre**	shorts	**le short**
boots	**les bottes** (*f.*)	slippers	**les pantoufles** (*f.*)
gloves	**les gants** (*m.*)	suit (*man's*)	**le costume**
jacket	**la veste / le veston**	suit (*woman's*)	**le tailleur**
raincoat	**l'imperméable** (*m.*)	sweatsuit	**le sweat**
sandals	**les sandales** (*f.*)	swimsuit	**le maillot de bain**
scarf (*dress*)	**le foulard**	tie	**la cravate**
scarf (*winter*)	**l'écharpe** (*f.*)	underwear	**le sous-vêtement**

EXERCICE
19·1

Traduisez!

1. He wants a jacket.

_____

2. She wants (some) slippers.

_____

3. We want (some) shorts.

_____

4. The boys want (some) boots.

_____

5. I want a winter scarf.

_____

6. You (*fam.*) want (some) swimsuits.

_____

7. The girls want (some) ties.

_____

8. He wants a sweatsuit.

_____

VOCABULAIRE

Everyday words

(in) the afternoon	**l'après-midi** (*m.*)	cup	**la tasse**
(in) the evening	**le soir**	glass	**le verre**
(in) the morning	**le matin**	plate	**l'assiette** (*f.*)
first	**d'abord**	then	**ensuite**

EXERCICE

19·2

Vrai ou faux?

1. _____ Tu portes un costume à une fête élégante.

2. _____ Tu portes des pantoufles à l'école.

3. _____ Tu portes des sandales dans la baignoire.

4. _____ Quand tu portes un imperméable, tu portes quelquefois des bottes aussi.

5. _____ Les Françaises portent quelquefois un foulard avec un tailleur.

6. _____ Beaucoup de personnes portent des robes de chambre quand elles vont à la banque.

7. _____ Tu portes des sous-vêtements presque tout le temps.

8. _____ Un homme en costume porte généralement une cravate.

Numbers
Age
Expressions with **avoir**

Les nombres de un (1) à mille (1000)

1	un(e)	24	vingt-quatre	74	soixante-quatorze
2	deux	25	vingt-cinq	75	soixante-quinze
3	trois	26	vingt-six	76	soixante-seize
4	quatre	27	vingt-sept	77	soixante-dix-sept
5	cinq	28	vingt-huit	78	soixante-dix-huit
6	six	29	vingt-neuf	79	soixante-dix-neuf
7	sept	30	trente	80	quatre-vingts
8	huit	31	trente et un(e)	91	quatre-vingt-onze
9	neuf	32	trente-deux	92	quatre-vingt-douze
10	dix	33	trente-trois	93	quatre-vingt-treize
11	onze	34	trente-quatre	94	quatre-vingt-quatorze
12	douze	35	trente-cinq	95	quatre-vingt-quinze
13	treize	36	trente-six	96	quatre-vingt-seize
14	quatorze	37	trente-sept	97	quatre-vingt-dix-sept
15	quinze	38	trente-huit	98	quatre-vingt-dix-huit
16	seize	39	trente-neuf	99	quatre-vingt-dix-neuf
17	dix-sept	40	quarante	100	cent
18	dix-huit	50	cinquante	200	deux cents
19	dix-neuf	60	soixante	1000	mille
20	vingt	70	soixante-dix	2000	deux mille
21	vingt et un(e)	71	soixante et onze		
22	vingt-deux	72	soixante-douze		
23	vingt-trois	73	soixante-treize		

NOTEZ The word **mille** never changes; the word **cent** takes an **s** after a number other than *one*, but loses the **s** when followed by any other number. *Million* is **le million**.

Expressing age

to be . . . years old **avoir... ans** to be fifteen years old **avoir quinze ans**

Elle a quinze ans. *She is fifteen years old.*

NOTEZ To express *How old are you?* say **Quel âge as-tu/avez-vous?**

Traduisez!

1. I am twenty years old.

_____

2. You (*fam.*) are eighteen years old.

_____

3. His grandfather is seventy-five years old.

_____

4. His grandmother is eighty-two years old.

_____

5. My sister is twenty-six years old.

_____

6. Her husband is thirty-one years old.

_____

7. How old are you (*pl.*)?

_____

8. You (all) are fifty?

_____

Expressions with **avoir**

FRANÇAIS	ENGLISH TRANSLATION	LITERAL TRANSLATION
avoir... ans	*to be . . . years old*	*to have . . . years*
avoir l'air	*to appear*	*to have the look*
avoir besoin de	*to need*	*to have need of*
avoir chaud	*to be hot*	*to have hot*
avoir de la chance	*to be lucky*	*to have luck*
avoir froid	*to be cold*	*to have cold*
avoir envie	*to feel like*	*to have a desire*
avoir faim	*to be hungry*	*to have hunger*
avoir soif	*to be thirsty*	*to have thirst*
avoir mal	*to hurt/be in pain*	*to have ache*
avoir peur	*to be afraid*	*to have fear*
avoir raison	*to be right*	*to have reason*
avoir tort	*to be wrong*	*to have fault*
avoir sommeil	*to be sleepy*	*to have sleepiness*

Comment ça va? (*How are things?*)   *Respond to each situation with a complete sentence that uses an* **avoir** *expression. Use the first person with* **Je/J'**.

1. Je suis très fatigué(e).

_____

2. Je pense que cinq et cinq font dix.

_____

3. Mon estomac est vide (*empty*).

_____

4. Je veux beaucoup d'eau.

_____

5. Je suis en Alaska.

_____

6. Je suis aux tropiques.

_____

7. Il y a un serpent dans ma chambre.

_____

8. J'ai un million à la banque.

_____

9. Aïe! J'ai besoin d'un docteur!

_____

10. Huit et neuf font quinze? Ah non!

_____

Le prix est juste! (*The price is right!*)   *Match each item with what it is likely worth.*

1. _____ une nouvelle automobile   a.   un million de dollars

2. _____ deux paires de chaussettes   b.   deux cents dollars

3. _____ dix jours à Tahiti dans un hôtel de luxe c.   vingt-cinq mille dollars

4. _____ un château en France   d. deux dollars

5. _____ une bicyclette   e. dix dollars

6. _____ des frites   f. vingt-quatre dollars

7. _____ trois billets de cinéma   g. huit mille dollars

Faits divers *(Fun facts)*

L'âge *(Age)*

- ◆ Le squelette Lucy a approximativement trois millions d'ans, d'après certains scientifiques.
- ◆ Le château de Versailles a plus de trois cents ans.
- ◆ La tour Eiffel a plus de cent ans.
- ◆ Une des plus vieilles personnes au monde est une Française, Jeanne Calment, qui est morte à l'âge de cent vingt-deux ans.

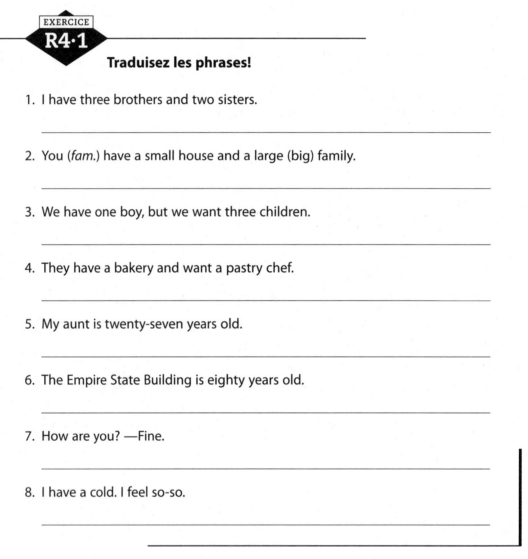

Leçons 16–20

EXERCICE
R4·1

Traduisez les phrases!

1. I have three brothers and two sisters.

   _____

2. You (*fam.*) have a small house and a large (big) family.

   _____

3. We have one boy, but we want three children.

   _____

4. They have a bakery and want a pastry chef.

   _____

5. My aunt is twenty-seven years old.

   _____

6. The Empire State Building is eighty years old.

   _____

7. How are you? —Fine.

   _____

8. I have a cold. I feel so-so.

   _____

EXERCICE
R4·2

Vrai ou faux?

1. _____ Il a faim. Il veut une banane.

2. _____ Nous avons sommeil. Nous voulons travailler.

3. _____ Ils ont de la chance. Ils n'ont pas d'argent.

4. _____ Vous avez raison. Il y a sept jours dans la semaine.

5. _____ J'ai peur de mon chien. J'adore mon chien.

6. _____ Tu as froid. Tu es au pôle nord.

7. _____ J'ai cent ans. Je suis jeune.

8. _____ Mes professeurs ont toujours tort. Ils sont super!

EXERCICE
R4·3

Choisissez l'expression la plus logique pour finir la phrase. (*Choose the most logical expression to finish each sentence.*)

1. _____ Quand je mange de vieilles frites,   a. a cent ans.

2. _____ Il va à la bibliothèque...   b. j'ai mal à l'estomac.

3. _____ Le mécanicien...   c. parce qu'il veut un livre.

4. _____ Tu es bien-portante, tu...   d. quand il y a un bon film.

5. _____ Les enfants en forme...   e. sous nos pantalons.

6. _____ Quand je porte mes gants,...   f. répare les autos.

7. _____ Un centenaire...   g. je n'ai pas froid.

8. _____ Nous portons des sous-vêtements...   h. vas bien.

9. _____ Nous sommes heureux...   i. ont beaucoup de sport.

10. _____ Je vais au cinéma...   j. quand ça va bien.

Faits divers (*Fun facts*)

Les plus hautes structures (*The highest structures*)

- La tour CN (tour de communication et d'observation) à Toronto a cinq cent cinquante trois mètres de hauteur.
- L'Empire State Building a cent deux étages (*floors*). La structure a quatre cent quarante huit mètres de hauteur.
- La Tour Eiffel a deux étages. Elle a trois cents mètres de hauteur.

Grammar

Vocabulary

Fun facts

Faire
Weather
Seasons

Conjugation of faire

faire *to do / to make*

je	fais	nous	faisons
tu	fais	vous	faites
il	fait	ils	font
elle	fait	elles	font
on	fait		

VOCABULAIRE

Quel temps fait-il? (*What's the weather like?*)

It's bad out.	**Il fait mauvais.**	There's a cyclone.	**Il y a un cyclone.**
It's cloudy.	**Il fait nuageux.**	There's a hurricane.	**Il y a un ouragan.**
It's cool.	**Il fait frais.**	There's lightning.	**Il y a des éclairs.**
It's cold.	**Il fait froid.**	There's a storm.	**Il y a un orage.**
It's foggy.	**Il fait du brouillard.**	There's thunder.	**Il y a du tonnerre.**
It's hot.	**Il fait chaud.**	It's pouring rain.	**Il y a une averse.**
It's nice.	**Il fait beau.**	It's freezing.	**Il gèle.**
It's sunny.	**Il fait du soleil.**	It's snowing.	**Il neige.**
It's windy.	**Il fait du vent.**	It's raining.	**Il pleut.**

EXERCICE

21·1

Quel temps fait-il? (*What's the weather?*) *Translate the answers below.*

1. It snows a lot.

_____

2. It rains almost every day.

_____

3. It's foggy in the morning.

_____

4. It's cool at night.

_____

5. Sometimes there's a storm in the afternoon.

_____

6. The weather is bad today.

_____

7. It's very cloudy.

_____

8. It's very beautiful.

_____

VOCABULAIRE

Les saisons (*Seasons*)

(in the) spring	**le printemps**	(in the) fall	**l'automne** (*m.*)
(in the) summer	**l'été** (*m.*)	(in the) winter	**l'hiver** (*m.*)

EXERCICE

21·2

Vrai ou faux?

1. _____ L'été est long en Alaska.

2. _____ L'hiver est froid en Minnesota.

3. _____ L'automne est frais au Mexique.

4. _____ Le printemps commence en décembre.

5. _____ L'été commence en juin.

6. _____ Il y a quatre saisons au Colorado.

Quelle est la saison? (*What is the season?*) *Write an X in the appropriate column.*

	LE PRINTEMPS	L'ÉTÉ	L'AUTOMNE	L'HIVER
1. le vingt-cinq décembre	_____	_____	_____	_____
2. le quatre juillet	_____	_____	_____	_____
3. le vingt-six septembre	_____	_____	_____	_____
4. le trente octobre	_____	_____	_____	_____
5. le premier avril	_____	_____	_____	_____
6. le huit mai	_____	_____	_____	_____

Que fais-tu par ce temps? (*What do you do in this weather?*)

1. _____ Quand il fait chaud,...

2. _____ Quand il pleut,...

3. _____ Il y a des orages...

4. _____ Je reste dans la voiture...

5. _____ J'aime être au parc avec des amis...

6. _____ Quand il y a un cyclone,...

a. je porte mon maillot de bain

b. je reste dans la cave de ma maison.

c. quand il y a des averses.

d. j'ai mon imperméable.

e. quand il fait très chaud dans les tropiques.

f. quand il fait beau.

Faits divers (*Fun facts*)

Des dates importantes (*Important dates*)

- Albert Einstein est né le 14 mars 1879 à onze heures trente du matin.
- Christophe Colomb est arrivé au Nouveau Monde pour la première fois en 1492. Il est revenu une deuxième fois en 1494, une troisième fois en 1501 et pour la dernière fois en 1504.
- La plus longue éclipse solaire a eu lieu mercredi, le 22 juillet 2009, et elle a duré six minutes et demie.

Expressions with faire
Sports Games Music
Contractions with de

Expressions with faire

faire jour	*to be daylight*	**faire un voyage**	*to go on a trip*
faire nuit	*to be night time*	**faire les achats**	*to go shopping*
faire la cuisine	*to cook*	**faire la bise**	*to kiss*
faire les devoirs	*to do the homework*	**faire les bagages**	*to pack*
faire le ménage	*to do the housework*	**faire de la musique**	*to play music*
faire le linge	*to do the laundry*	**faire du sport**	*to play sports*
faire la vaisselle	*to do the dishes*	**faire du vélo /**	*to ride a bike/*
faire une promenade	*to take a walk*	**de la moto**	*motorcycle*
		faire la queue	*to wait in line*

EXERCICE

22·1

Traduisez!

1. I do the cooking.

_____

2. They (*m.*) play sports.

_____

3. You (*fam.*) play music.

_____

4. She does the dishes.

_____

5. He does the shopping.

_____

6. We kiss.

_____

7. You (*pl.*) pack.

_____

8. You (*form.*) wait in line.

_____

_____

Vrai ou faux?

1. _____ D'abord je fais un voyage; ensuite je fais les bagages.

2. _____ Je fais la bise à ma mère.

3. _____ Je fais le ménage quand il fait nuit.

4. _____ Je fais la cuisine à l'école.

5. _____ Je fais les devoirs à l'épicerie.

6. _____ Je fais la vaisselle après le dîner.

7. _____ Je fais la queue à l'aéroport.

8. _____ Je fais le ménage au théâtre.

Contractions with **de** (*from/of*)

SINGULAR			PLURAL
FROM/OF	FEMININE NOUN	NOUN STARTING	MASCULINE NOUN	ANY NOUN WITH VOWEL SOUND
	de la musique	de l'orgue	du sport	des achats

VOCABULAIRE

Les sports et les jeux (*Sports and games*)

LES SPORTS		LES JEUX	
baseball	**le baseball**	cards	**les cartes** (*f.*)
basketball	**le basketball**	charades	**les charades** (*f.*)
football	**le football américain**	checkers	**les dames** (*f.*)
hockey	**le hockey**	chess	**les échecs** (*m.*)
rugby	**le rugby**	the lottery	**la loterie**
soccer	**le foot(ball)**	pool	**le billard**
tennis	**le tennis**	roulette	**la roulette**
volleyball	**le volleyball**	video games	**les jeux vidéo** (*m.*)

NOTEZ You play (**jouer à**) or do (**faire**) a *sport* but you can only play (**jouer à**) a *game*.

Using the preposition **à** after the verb **jouer** and the preposition **de** after the verb **faire**

JOUER AU/À LA/AUX		FAIRE DU/DE LA/DES	
Je joue *au* foot.	*I play soccer.*	Je fais *du* baseball.	*I play baseball.*
Je joue *à la* balle.	*I play ball.*	Je fais *de la* moto.	*I ride a motorcycle.*
Je joue *aux* cartes.	*I play cards.*	Je fais *des* achats.	*I shop.*

EXERCICE
22·3

Traduisez! *With the name of a sport or game, give two sentences, using first* **jouer à** *followed by* **faire de**.

1. I play tennis with my brother.

   _____   _____

2. You (*fam.*) play soccer with your friends.

   _____   _____

3. We play volleyball at school.

   _____   _____

4. My parents play cards on Sunday.

   _____   _____

5. We play hockey in the winter.

   _____   _____

6. My brothers play pool.

   _____   _____

VOCABULAIRE

Les instruments de musique (*Musical instruments*)

clarinet	**la clarinette**	keyboard	**le clavier**
drums	**la batterie**	piano	**le piano**
flute	**flûte**	saxophone	**le saxophone**
guitar	**la guitare**	trumpet	**la trompette**
horn (French)	**le cor**	violin	**le violon**

NOTEZ Always use **jouer de** for playing musical instruments: **Je joue de la flûte**. Always use **jouer à** for games as in **jouer au Monopoly** and use either **jouer à** or **faire de** for sports and games.

On fait de la musique ou du sport? (*Do we play music or sports!*)   *Follow the example and write that each person is playing an instrument or a sport.*

EXEMPLE: le piano. *Je joue du piano.*

1. le violon.

_____

2. le basketball.

_____

3. la guitare.

_____

4. le volleyball.

_____

5. le cor.

_____

6. le tennis.

_____

Faits divers (*Fun facts*)

La musique

◆ Les compositeurs classiques Mozart et Beethoven jouaient du piano. Bach jouait de l'orgue.

◆ Elvis Presley jouait du piano, de la batterie, de l'harmonica et de la guitare.

◆ Dans le groupe des Beatles, John Lennon, Paul McCartney et George Harrison jouaient de la guitare et Ringo Starr jouait de la batterie.

◆ En jazz, Louis Armstrong jouait de la trompette et Duke Ellington jouait du piano.

Les musiciens country jouent de la mandoline, de la guitare, du violon, de l'harmonica, de l'accordéon, etc.

Telling time

·23·

Expressions of time

Il est une heure.	*It's one o'clock.*	Il est huit heures.	*It's eight o'clock.*
Il est deux heures.	*It's two o'clock.*	Il est neuf heures.	*It's nine o'clock.*
Il est trois heures.	*It's three o'clock.*	Il est dix heures.	*It's ten o'clock.*
Il est quatre heures.	*It's four o'clock.*	Il est onze heures.	*It's eleven o'clock.*
Il est cinq heures.	*It's five o'clock.*	Il est douze heures.	*It's twelve o'clock.*
Il est six heures.	*It's six o'clock.*	Il est midi.	*It's noon.*
Il est sept heures.	*It's seven o'clock.*	Il est minuit.	*It's midnight.*

Les moments de la journée pour dire l'heure (*parts of the day to tell time*)

du matin	*in the morning*
de l'après-midi	*in the afternoon*
du soir	*in the evening*

EXERCICE
23·1

Traduisez!

1. It's noon.

_____

2. It's one o'clock.

_____

3. It's twelve o'clock.

_____

4. It's five o'clock.

_____

5. It's eight o'clock.

_____

6. It's seven in the morning.

_____

7. It's four in the afternoon.

_____

8. It's nine in the evening.

_____

EXERCICE

23·2

Écrivez des phrases!

1. At six o'clock, I make my breakfast.

_____

2. At seven o'clock, I take a walk.

_____

3. At eight o'clock, I ride the bike.

_____

4. At nine o'clock, I am at school.

_____

5. At noon, I eat with my friends.

_____

6. At four o'clock, I go shopping.

_____

7. At six o'clock, I do my homework.

_____

8. At seven o'clock, I do the dishes.

_____

VOCABULAIRE

Les expressions de temps (*Expressions of time*)

all day long	**toute la journée**	often	**souvent**
never	**jamais**	for the last time	**pour la dernière fois**
all the time	**tout le temps**	sometimes	**quelquefois**
now	**maintenant**	from time to time	**de temps en temps**
for the first time	**pour la première fois**	What time is it?	**Quelle heure est-il?**

Choisissez la réponse la plus logique. (*Choose the most logical answer.*)

1. Je fais du français...

   a. maintenant   b. pour la dernière fois   c. jamais

2. Quand il fait chaud, il y a des orages...

   a. quelquefois   b. tout le temps   c. tous les jours

3. Un végétarien mange des hamburgers...

   a. maintenant   b. jamais   c. tout le temps

4. Quand il fait froid, il neige...

   a. de temps en temps   b. tout le temps   c. pour la première fois

5. Les bébés mangent...

   a. tout le temps   b. jamais   c. souvent

6. Lance Armstrong fait du vélo...

   a. quelquefois   b. pour la première fois   c. tout le temps

Entre les heures (*between hours*)

Il est une heure cinq.	1:05	cinq	*five past*
Il est une heure dix.	1:10	dix	*ten past*
Il est une heure et quart.	1:15	et quart	*quarter past*
Il est une heure vingt.	1:20	vingt	*twenty past*
Il est une heure vingt-cinq.	1:25	vingt-cinq	*twenty-five past*
Il est une heure et demie.	1:30	et demie	*half past*
Il est deux heures moins vingt-cinq.	1:35	moins vingt-cinq	*twenty-five to*
Il est deux heures moins vingt.	1:40	moins vingt	*twenty to*
Il est deux heures moins le quart.	1:45	moins le quart	*quarter to*
Il est deux heures moins dix.	1:50	moins dix	*ten to*
Il est deux heures moins cinq.	1:55	moins cinq	*five to*

Traduisez!

1. It's half past four.

   _____

2. It's two thirty.

   _____

3. It's five to eleven.

_____

4. It's ten past eight.

_____

5. It's quarter to three.

_____

6. It's twenty past noon.

_____

7. It's a quarter past seven.

_____

8. It's five to one.

_____

Faits divers (*Fun facts*)

L'heure dans le monde (*Time around the world*)

Quand il est midi à Paris, il est six heures du matin en Martinique, trois heures du matin en Californie, seize heures à Bombay, dix-huit heures au Vietnam et minuit à Tahiti.

Aller
Transportation

Conjugation of **aller**

aller *to go*

je	vais	nous	allons
tu	vas	vous	allez
il	va	ils	vont
elle	va	elles	vont
on	va		

Révision: les contractions *au/aux* et *du/des*

à + le = **au** (*at/in/to the*)
à + les= **aux** (*at/in/to the*)

de + le = **du** (*from/of the*)
de + les = **des** (*from/of the*)

EXERCICE
24·1

Traduisez!

1. I go to the park.

_____

2. You (*fam.*) go to the museum.

_____

3. She goes to the university.

_____

4. He goes to the library.

_____

5. We go to the bakery.

_____

6. You (all) go to the stores.

_____

7. They (f.) go to the movie theater.

_____

8. They (m.) go to the mall (**centre commercial**).

_____

VOCABULAIRE

Les moyens de transport (*Means of transportation*)

airplane	**l'avion** (*m.*)	by airplane	**en avion**
bicycle/bike	**la bicyclette / le vélo**	by bicycle / bike	**en, à bicyclette / en, à vélo**
boat	**le bateau**	by boat	**en bateau**
bus	**le bus**	by bus	**en bus**
car	**la voiture / l'auto** (*f.*)	by car	**en voiture / en auto**
foot	**le pied**	on foot	**à pied**
moped	**la mobylette / la mob**	by moped	**en mobylette / en mob**
motorcycle	**la moto(cyclette)**	by motorcycle	**en moto(cyclette)**
ship	**le bateau**	by ship	**en bateau**
spaceship	**le vaisseau spatial**	by spaceship	**en vaisseau spatial**
subway	**le métro**	by subway	**en métro**
taxi	**le taxi**	by taxi	**en taxi**
train	**le train**	by train	**en train**

Verbs of motion

to ride a bike	**monter à bicyclette**
to ride a horse	**monter à cheval**
to travel	**voyager**

EXERCICE
24·2

Choisissez la réponse la plus logique. (*Choose the most logical answer.*)

1. À Paris, les personnes vont généralement au travail...

   a. en avion   b. en voiture   c. en métro

2. Je vais d'Amérique en France le plus vite...

   a. à pied   b. en bateau   c. en avion

3. À San Francisco, les touristes adorent faire des promenades...

   a. en bicyclette   b. en métro   c. à pied

4. Je vais de l'hôtel à l'aéroport...

   a. en mobylette   b. en taxi   c. à pied

5. Les étudiants qui n'ont pas quinze ans vont à l'école...

    a. à cheval   b. en bateau   c. en bus

6. Dans la série Star Trek, Jean-Luc Picard voyage généralement...

    a. en vaisseau spatial   b. en moto   c. en avion

EXERCICE
24·3

Écrivez des phrases!

1. I go to the university by bike.

_____

2. My friends go to the park on foot.

_____

3. Sometimes I ride my bike at the park.

_____

4. John goes to school by moped.

_____

5. My parents go to the restaurant by car.

_____

6. You (*fam.*) go to Canada by plane.

_____

7. My sister goes to work by subway.

_____

8. They go to Key West by boat.

_____

Faits divers (*Fun facts*)

Les transports en commun en France (*Mass transportation in France*)

Dans les grandes villes françaises, les transports en commun les plus populaires sont l'autobus, le tramway et le métro. Mais, à Paris et à Lyon, il y a aussi des services de location de bicyclettes très utilisés. Les transports en commun sont très importants pour tous les Français, et surtout les jeunes, parce qu'il est difficile et cher d'obtenir un permis de conduire (*driver's license*). Beaucoup de jeunes ont des mobylettes ou des bicyclettes pour aller à l'école ou à l'université.

Dire
Écrire   Lire
Things to tell, write, and read

·25·

Conjugation of dire, écrire, and lire

DIRE	TO SAY/TELL			ÉCRIRE	TO WRITE		LIRE	TO READ		
je	dis	nous	disons	j'	écris	nous écrivons	je	lis	nous	lisons
tu	dis	vous	dites	tu	écris	vous écrivez	tu	lis	vous	lisez
il	dit	ils	disent	il	écrit	ils écrivent	il	lit	ils	lisent
elle	dit	elles	disent	elle	écrit	elles écrivent	elle	lit	elles	lisent
on dit				on	écrit		on	lit		

EXERCICE
25·1

Traduisez!

1. I write.

_____

2. You (*fam.*) read.

_____

3. He tells.

_____

4. We write.

_____

5. You (all) read.

_____

6. They (*f.*) say.

_____

7. They (*m.*) write.

_____

8. I read.

_____

EXERCICE 25·2

Choisissez la fin la plus logique pour chaque phrase. Some answers may be used more than once.

1. _____ Tu... « bonjour » au professeur.	a.	dis
2. _____ Vous... une carte électronique.	b.	écris
3. _____ Tes parents... le journal « Le Monde »?	c.	lisons
4. _____ Je... « salut » à mes copains après l'école.	d.	lisez
5. _____ Je/J'... mes devoirs le soir.	e.	dites
6. _____ Vous... beaucoup de bandes dessinées.	f.	lisent
7. _____ Nous... un livre pour la classe d'anglais.	g.	écrivez
8. _____ Vous... « merci ». Vous êtes polis.		

VOCABULAIRE

Les choses à dire, écrire et lire (*Things to tell, write, and read*)

article	l'article (*m.*)	newspaper	le journal
biography	la biographie	note	la note
comic book	la bande dessinée	novel	le roman
diary	le journal	detective novel	le roman policier
encyclopedia	l'encyclopédie (*f.*)	paragraph	le paragraphe
essay	l'essai (*m.*)	play	la pièce (de théâtre)
fable	la fable	poem	le poème
fairy tale	le conte de fées	science fiction	la science-fiction
fiction	la fiction	short story	le conte, la nouvelle
letter	la lettre	textbook	le manuel (scolaire)
magazine	le magazine	thesaurus	le thésaurus

Notez Two nouns are derived from the verb **lire: le lecteur / la lectrice** is *the reader*, and **la lecture** is *the reading*.

EXERCICE 25·3

Vrai ou faux?

1. _____ Les jeunes écrivent beaucoup de mails et de texto.

2. _____ Dans une fable, il y a souvent des animaux.

3. _____ Les journalistes écrivent des articles divers.

4. _____ Pour la classe d'anglais, les étudiants lisent des bandes dessinées chaque jour.

5. _____ En classe de français, les étudiants lisent toujours des romans policiers.

6. _____ *Le journal d'Anne Frank* est un roman.

7. _____ Victor Hugo est célèbre pour ses livres de science-fiction.

8. _____ Jules Verne est célèbre pour ses poèmes.

9. _____ *La Belle et la Bête* est un conte.

10. _____ Une nouvelle est une courte histoire.

EXERCICE
25·4

Écrivez des phrases!

1. I write a long essay with five paragraphs.

_____

2. I love poems.

_____

3. Where is my textbook?

_____

4. Are you an avid (**avide**) reader?

_____

5. Politicians write biographies.

_____

6. *Notre-Dame de Paris* is a famous novel.

_____

Faits divers (*Fun facts*)

La France comme source d'inspiration (*France as a source of inspiration*)

De nombreuses comédies musicales et de nombreux films sont inspirés d'œuvres littéraires françaises.

◆ Des exemples de romans français qui ont été adaptés à Broadway sont *Les Misérables* (Victor Hugo) et *Le Fantôme de l'Opéra* (Gaston Leroux).

◆ Des exemples de contes français qui ont été adaptés en films sont *La Belle et la Bête*, *La Belle au Bois Dormant*, *Peau d'Âne*, *Le Petit Chaperon Rouge* et *Le Chat Botté* (Charles Perrault).

Leçons 21–25

Conjuguez! *Write the English translation of each infinitive verb, and conjugate them in the present tense.*

	JE	TU	IL/ELLE	NOUS	VOUS	ILS/ELLES
1. jouer						
to	_____	_____	_____	_____	_____	_____
2. faire						
to	_____	_____	_____	_____	_____	_____
3. aller						
to	_____	_____	_____	_____	_____	_____
4. écrire						
to	_____	_____	_____	_____	_____	_____
5. dire						
to	_____	_____	_____	_____	_____	_____
6. lire						
to	_____	_____	_____	_____	_____	_____

Quelle expression de temps est-ce? (*Which weather term is it?*) *Read each description and match it with one of the weather expressions.*

1. _____ La période de trois mois la plus froide de l'année.

   a. Il fait du brouillard.

2. _____ Les nuages sont gris ou noirs mais il fait plus de 32 degrés F.

   b. C'est le printemps.

3. _____ Nous jouons aux boules avec cette chose blanche.   c. C'est l'automne.

4. _____ La saison où les étudiants ont le plus de vacances.   d. C'est l'hiver.

5. _____ Le temps où la visibilité est presque zéro.   e. Il pleut.

6. _____ Il y a du tonnerre, des éclairs et du vent.   f. C'est l'été.

7. _____ La saison où les fleurs verdissent, jaunissent, rougissent.   g. Il neige.

8. _____ La saison où les plantes et les arbres perdent les feuilles.   h. Il y a un orage.

EXERCICE R5·3

Quelle heure est-il? (*What time is it?*)

1. J'ai rendez-vous à six heures. Mon rendez-vous est dans quinze minutes.

Il est

_____

2. Il est huit heures en Californie. Je suis en Floride.

Ici il est

_____

3. Le soleil est au plus haut point; il fait chaud et c'est l'heure de manger.

Il est

_____

4. C'est le trente et un décembre. À quelle heure commence la nouvelle année?

C'est à

_____

5. Beaucoup de personnes finissent maintenant le travail. C'est presque le soir.

Il est

_____

EXERCICE R5·4

Écrivez des phrases!   *Use the verbs in parentheses.*

1. I play the guitar with my friends. (**jouer de**)

_____

2. We play basketball on Sundays at the park. (**jouer à**)

_____

3. You (*pl.*) play hide and seek with the children. (**jouer à**)

_____

4. They play the piano and the violin. (**jouer de**)

_____

5. She plays many sports. (**faire**)

_____

6. He goes cycling every day. (**faire**)

_____

EXERCICE

R5·5

Quel genre de lecture est-ce? (*What type of reading is it?*)   *Match the two columns.*

1. _____ Charles Perrault, les frères Grimm   a.   l'atlas

2. _____ Ray Bradbury   b.   la pièce de théâtre

3. _____ William Shakespeare (*La tempête*)   c.   le poème

4. _____ *Newsweek, Entertainment Weekly*   d.   le conte de fées

5. _____ Astérix, Tintin, X-Men   e.   la fable

6. _____ Emily Dickinson   f.   la science-fiction

7. _____ Ésope, La Fontaine   g.   la bande dessinée

8. _____ Rand McNally   h.   le magazine

EXERCICE

R5·6

Écrivez des phrases!   *Use expressions with **faire** and **aller au**...*

1. I go home, do my homework, and then I make dinner.

_____

2. You (*fam.*) go to school on foot every day.

_____

3. They go to the library when they need (some) books.

_____

4. We go to the movies (movie theater) on Saturdays when the weather is bad.

_____

5. She takes a walk in the park with her dog.

_____

6. My parents go to the restaurant by taxi.

_____

Faits divers (*Fun facts*)

Écrivains notables

Au dix-septième siècle, sous Louis XIV, la Marquise de Sévigné a écrit plus de mille lettres à des amis et à sa famille en dehors de Paris pour leur raconter les aventures à la cour de Louis XIV. Écrites avec humour et précision, ces lettres sont devenues célèbres et certaines sont des rapports historiques de l'époque.

Jules Verne (1828-1905) est connu pour ses romans *Cinq semaines en ballon, Voyage au centre de la terre, Vingt mille lieues sous la mer, Le tour du monde en quatre-vingts jours, De la terre à la lune* et beaucoup d'autres. Il a introduit un genre nouveau, le genre de la science-fiction.

Georges Simenon, un romancier belge, a écrit des centaines de romans et de nouvelles, des œuvres autobiographiques et de nombreux articles. Il est le plus connu pour ses romans policiers figurant l'inspecteur Maigret.

Pouvoir
Adverbs

Conjugation of pouvoir

pouvoir *can / to be able to*

je	peux	nous	pouvons
tu	peux	vous	pouvez
il	peut	ils	peuvent
elle	peut	elles	peuvent
on	peut		

EXERCICE

26·1

Traduisez!

1. I can sing.

   _____

2. You (*fam.*) can dance.

   _____

3. Paul can speak French.

   _____

4. We can read.

   _____

5. You (all) can swim.

   _____

6. They can finish the exercise.

   _____

7. I cannot hear.

   _____

8. She cannot wait.

   _____

Forming adverbs

ADJECTIVE	ADJECTIVE BASE FOR ADVERB	ADVERB
aimable	aimable	aimablement
heureux	heureuse	heureusement
attentif	attentive	attentivement

NOTEZ   To form an adverb, start with an adjective. If the adjective ends in -**e**, simply add -**ment**. If it does not end in -**e**, take the feminine singular form, and then add -**ment**.

VOCABULAIRE

Quelques adverbes (A *few adverbs*)

badly	**mal**	perfectly	**parfaitement**
clearly	**clairement**	probably	**probablement**
easily	**facilement**	rarely	**rarement**
extremely	**extrêmement**	sadly	**tristement**
fast, rapidly	**rapidement**	slowly	**lentement**
finally	**finalement**	usually	**généralement**
joyous	**joyeusement**	well	**bien**

NOTEZ Some commonly used adverbs such as **bien** (*well*) and **mal** (*badly*) are not derived from adjectives.

EXERCICE
26·2

Vrai ou faux?

1. _____ Un escargot avance très lentement.

2. _____ Nous avons finalement la paix (*peace*) dans le monde.

3. _____ Il fait extrêmement froid au pôle nord.

4. _____ Nous pouvons facilement escalader le Mont Everest.

5. _____ Vous allez à votre destination rapidement en avion.

6. _____ Les étudiants avancés parlent probablement bien le français.

7. _____ Les touristes vont rarement dans les musées.

8. _____ Nous savons tous parfaitement bien faire la cuisine italienne.

EXERCICE 26·3

Qu'est-ce que ces personnes peuvent écrire vraiment bien? (*What can these people write really well?*)

des poèmes et des romans / des contes/des romans de science-fiction / des romans policiers / des lettres

EXEMPLE: *Shakespeare peut vraiment bien écrire des pièces.*

1. Jules Verne

_____

2. Madame de Sévigné

_____

3. Victor Hugo

_____

4. Charles Perrault

_____

5. Georges Simenon

_____

EXERCICE 26·4

Tu peux ou tu ne peux pas? (*Can you or can't you?*) *Start each answer with* **Oui, je peux…** / **Si, je peux…** , *or* **Non, je ne peux pas…** *Answers will vary.*

1. Tu peux parler chinois?

_____

2. Tu peux bien jouer au golf?

_____

3. Tu ne peux pas aller en France facilement?

_____

4. Tu peux répondre aux questions?

_____

5. Tu peux probablement gagner à la loterie?

_____

6. Tu manges généralement de la pizza?

_____

Comment font-ils leur travail? (*How do they work?*) *Complete each sentence with an adverb ending in* **-ment**.

1. Ils sont attentifs. Ils travaillent

_____

2. Ils sont sérieux. Ils travaillent

_____

3. Ils sont joyeux. Ils travaillent

_____

4. Ils sont lents. Ils travaillent

_____

5. Ils sont tristes. Ils travaillent

_____

Devoir
Two-verb constructions
Adverbs of time

Conjugation of **devoir**

devoir *must / to have to*

je	dois	nous	devons
tu	dois	vous	devez
il	doit	ils	doivent
elle	doit	elles	doivent
on	doit		

EXERCICE
27·1

Traduisez!

1. I must work fast.

   _____

2. You (*fam.*) must do the dishes.

   _____

3. Paul must go to school.

   _____

4. We have to read.

   _____

5. You (all) have to write letters.

   _____

6. They have to wait.

   _____

Two-verb constructions

devoir + *infinitive*	*must, to have to*
espérer + *infinitive*	*to hope to*
essayer de + *infinitive*	*to try to*
pouvoir + *infinitive*	*to be able to*
vouloir + *infinitive*	*to want to*

NOTEZ   You have seen how to conjugate **devoir**, **pouvoir**, and **vouloir**. The verb **espérer** (*to hope*) is a regular **-er** verb, but remember to change the **accent aigu** to an **accent grave** in the spelling of conjugated forms, except for the **nous/vous** forms. The verb **essayer** (*to try*) is a regular **-er** verb, but remember to change the **y** to **i** in the spelling of conjugated forms, except for the **nous/vous** forms.

EXERCICE
27·2

Vrai ou faux?

1. _____ Je dois manger tous les jours.

2. _____ Dans la classe de français, nous devons lire.

3. _____ Nous pouvons aller en France à pied.

4. _____ Vous voulez être honnête!

5. _____ Les acteurs espèrent devenir célèbres.

6. _____ Les professeurs essaient de mal expliquer les leçons.

7. _____ Les politiciens espèrent perdre les élections.

8. _____ Tout le monde veut réussir dans la vie.

EXERCICE
27·3

Traduisez!

1. He has to eat his dinner.

_____

2. They (*m.*) hope to read today in class.

_____

3. I try to speak French clearly.

_____

4. We want to go to France.

_____

5. You (all) can write well.

_____

6. She must do her homework.

_____

Les adverbes de temps (*Adverbs of time*)

all day long	**toute la journée**	from time to time	**de temps en temps**
all his/her life	**toute la vie**	never	**jamais**
all the time	**tout le temps**	often	**souvent**
all year long	**toute l'année**	once	**une fois**
always	**toujours**	seldom	**rarement**
every day	**chaque jour**	several times	**plusieurs fois**
every month	**chaque mois**	so many times	**tant de fois**
every week	**chaque semaine**	sometimes	**quelquefois/parfois**
every year	**chaque année**	twice	**deux fois**

EXERCICE
27·4

Choisissez la réponse logique. (Choose the logical answer.)

1. Nous achetons la pizza...

   a. chaque jour   b. jamais   c. de temps en temps

2. Le père Noël apporte des cadeaux...

   a. rarement   b. toute l'année   c. une fois l'année

3. Les aéroports sont généralement ouverts...

   a. plusieurs fois l'année   b. toute l'année   c. deux fois l'année

4. Tu peux voir des extraterrestres...

   a. jamais   b. rarement   c. toujours

5. Généralement, les touristes vont au restaurant...

   a. toute l'année   b. chaque jour   c. une fois

6. Pour bien parler français, nous devons pratiquer...

   a. tout le temps   b. de temps en temps   c. quelquefois

7. Les êtres humains doivent respirer (*breathe*)...

   a. parfois   b. toute la vie   c. jamais

8. Nous payons la facture (*bill*) d'électricité...

   a. chaque jour   b. chaque mois   c. chaque année

Écrivez des phrases!

1. I go to the movie theater every week.

_____

2. You watch television every day.

_____

3. They read all day long.

_____

4. I rarely work all week long.

_____

5. We watch this movie so many times.

_____

6. You (all) dance all the time.

_____

_____

Two-verb questions
More food

Two-verb questions

STATEMENT	Nous devons étudier.	
QUESTION	Nous devons étudier?	Est-ce que nous devons étudier? Devons-nous étudier?

NOTEZ Use any one of the three interrogative structures you studied with all subject pronouns. Do not use inversion with **je**.

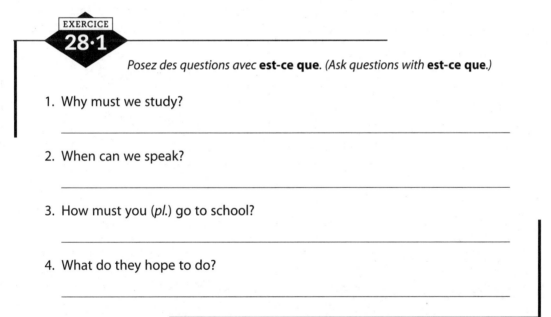

EXERCICE
28·1

*Posez des questions avec **est-ce que**. (Ask questions with **est-ce que**.)*

1. Why must we study?

_____

2. When can we speak?

_____

3. How must you (*pl.*) go to school?

_____

4. What do they hope to do?

_____

EXERCICE
28·2

Posez des questions avec l'inversion. (Ask questions with inversion.)

1. What can she read?

_____

2. When do you (*fam.*) want to come?

_____

3. Why must they (f.) write?

_____

4. What does he hope to study?

_____

EXERCICE
28·3

Demandez qui! (*Ask who!*) *Translate the following questions according to the example.*

EXEMPLE: Who works all week?   *Qui travaille toute la semaine?*

1. Who can go the mall?

_____

2. Who wants to eat all the time?

_____

3. Who tries to answer once or twice?

_____

4. Who hopes to be rich one day?

_____

VOCABULAIRE

D'autres choses à manger (*Other things to eat*)

apple	**la pomme**	hot dog	**le hot dog**
broccoli	**le brocoli**	mustard	**la moutarde**
bean (green)	**le haricot (vert)**	mushroom	**le champignon**
beef	**le bœuf**	orange	**l'orange** (*f.*)
carrot	**la carotte**	pea	**le petit pois**
cabbage	**le chou**	potato	**la pomme de terre**
cauliflower	**le chou-fleur**	pumpkin	**la citrouille**
celery	**le céleri**	sausage	**la saucisse**
cherry	**la cerise**	shrimp	**la crevette**
corn	**le maïs**	soup	**la soupe**
grapes	**le raisin**	steak	**le bifteck**
ham	**le jambon**	strawberry	**la fraise**

Vrai ou faux?

1. _____ La pomme de terre est un fruit.

2. _____ Le bifteck est un type de viande.

3. _____ Le chou et le chou-fleur sont des légumes.

4. _____ Les végétariens ne mangent jamais de jambon.

5. _____ Les spectateurs mangent souvent des hot dogs aux matchs de baseball.

6. _____ Il y a quelquefois de la moutarde sur le hot dog.

7. _____ Il y a toujours des champignons sur les gâteaux d'anniversaire.

8. _____ Le raisin peut être rouge ou vert.

Qu'est-ce que ces choses ont en commun? (*What do these things have in common?*)   *Match the items with their characteristics.*

1. _____ la carotte et la citrouille

2. _____ le raisin, la cerise

3. _____ le céleri et le petit pois

4. _____ la saucisse et le jambon

5. _____ le bœuf et le bifteck

6. _____ la pomme de terre et la pomme

a. Ils sont petits et ronds (*round*).

b. Elles sont blanches à l'intérieur.

c. Elles sont de couleur orange.

d. Ce sont des viandes rouges.

e. Ils sont souvent dans les sandwichs.

f. Ils sont verts et ce sont des légumes.

Faits divers (*Fun facts*)

Les mots tendres (*Terms of endearment*)

Les mots tendres peuvent être très drôles dans toutes les langues. Quelquefois ce sont des mots qui représentent des choses à manger ou des animaux.

Tu es mon chouchou.	*You are my cream puff* (**chou à la crème**).
Tu es mon sucre d'orge.	*You are my barley sugar.*
Tu es mon petit lapin.	*You are my little bunny.*
Tu es mon poussin.	*You are my chick.*
Tu es ma biche.	*You are my doe.*

Comparative adverbs and adjectives Comparisons

·29·

VOCABULAIRE

Adverbes comparatifs (*Comparative adverbs*)

| as | **aussi** | less | **moins** |
| better | **mieux** | more | **plus** |

Comparisons

Regular comparative adjectives
plus + adjectif + **que**   *more* + adjective + *than*
moins + adjectif + **que**   *less* + adjective + *than*
aussi + adjectif + **que**   *as* + adjective + *as*

Irregular comparative adjectives
meilleur que   *better than*
pire que   *worse than*

EXERCICE
29·1

Traduisez! *Faites des comparaisons régulières.*

1. Marc is taller than Luc.

   _____

2. Marie is smaller than Rose.

   _____

3. My cat is fatter than my dog.

   _____

4. My ruler (**règle** *f.*) is longer than my hand (**main** *f.*).

   _____

5. The Gates family is richer than my parents.

   _____

134

EXERCICE

29·2

Vrai ou faux?

1. _____ La statue de la Liberté est plus haute que la Tour Eiffel.

2. _____ Les vêtements à Bloomingdale's sont généralement plus chers que les vêtements à Ross.

3. _____ Le téléphone cellulaire est moins populaire que le poker.

4. _____ La ville de Montréal est plus petite que la ville de Québec.

5. _____ Le baseball est aussi populaire en France qu'aux États-Unis.

6. _____ Larry King est aussi célèbre qu'Oprah Winfrey.

EXERCICE

29·3

Traduisez! *Faites des comparaisons irrégulières.*

1. A sandwich is better than a salad.

_____

2. A play is better than a movie.

_____

3. An F is worse than a D.

_____

4. The economy (**l'économie** *f.*) is worse today than yesterday.

_____

EXERCICE

29·4

Comparez avec l'adjectif meilleur/meilleure.

EXEMPLE: le croissant et le pain: *Le croissant est meilleur que le pain.* or *Le pain est meilleur que le croissant.*

1. une glace au chocolat et une glace à la vanille:

_____

2. le poulet et la dinde:

_____

3. une fraise et une cerise:

_____

4. Julia Roberts et Meryl Streep:

_____

Faits divers *(Fun facts)*

Les anciens monuments de Paris *(Old monuments of Paris)*

Quel monument est le plus ancien? La tour Eiffel, l'Arc de Triomphe, le magasin Le Printemps?

L'Arc de Triomphe, érigé par Napoléon en 1806 pour commémorer ses victoires, est plus ancien que la tour Eiffel, construite pour la Foire Mondiale de 1889, et il est aussi plus ancien que le magasin Le Printemps, célèbre magasin parisien créé en 1865.

Prepositions + verb
Il faut
More things in the house

Preposition + verb

avant de manger	*before eating*
pour jouer	*in order to play*

VOCABULAIRE

Prepositions

before	**avant de**	in order to	**afin de**
for/in order to	**pour**	instead of	**au lieu de**

EXERCICE
30·1

Traduisez!

1. before writing _____

2. in order to live _____

3. before speaking _____

4. instead of reading _____

5. for seeing _____

6. instead of looking _____

Il faut

IL FAUT + NOUN	. . . IS NECESSARY	IL FAUT + VERB	IT IS NECESSARY TO + VERB
Il faut de l'argent.	*Money is necessary/ needed.*	**Il faut rester.**	*It is necessary to stay.*
Il faut du feu.	*Fire is necessary.*	**Il faut finir le travail.**	*It is necessary to finish the work.*

137

Traduisez!

1. Il faut de l'eau sur la table.

   _____

2. Il faut des tableaux au mur.

   _____

3. Il faut un tapis sur le plancher.

   _____

4. Il faut une veilleuse dans la chambre du bébé.

   _____

5. Il faut acheter des rideaux.

   _____

6. Il faut écrire à grand-mère.

   _____

7. Il faut parler français.

   _____

8. Il faut écouter le professeur.

   _____

VOCABULAIRE

D'autres choses à l'intérieur de la maison (*Other things in the house*)

air conditioning	**l'air conditionné** (*m.*)	key	**la clé (la clef)**
carpeting	**la moquette**	log	**la bûche**
ceiling	**le plafond**	napkin/towel	**la serviette**
dishes	**la vaisselle**	night light	**la veilleuse**
dishwasher	**le lave-vaisselle**	photo	**la photo**
door	**la porte**	rug	**le tapis**
floor	**le plancher**	stove	**la cuisinière**
garbage can	**la poubelle**	wastebasket	**le panier**

NOTEZ **allumer la cuisinière, le lave-vaisselle, l'air conditionné** (*to turn on the stove, the dishwasher, the air conditioner*).

Vrai ou faux?

1. _____ Il y a souvent une veilleuse dans les chambres d'enfant.

2. _____ Il y a des tableaux et des photos sur le plancher.

3. _____ Il faut un tapis dans la baignoire.

4. _____ Pour ouvrir la porte principale, il faut une clé.

5. _____ Au lieu d'allumer l'air conditionné, il faut ouvrir la fenêtre!

6. _____ Il faut laver la vaisselle propre avant de dîner.

7. _____ Il y a une belle moquette au plafond.

8. _____ Nous achetons des bûches pour faire un feu (*fire*) dans la cheminée.

9. _____ Les nouvelles serviettes sont dans la poubelle.

10. _____ Notre vieux (*old*) journal est dans le panier.

Qu'est-ce qu'il faut? (*What is needed?*) *From the vocabulary list given earlier, choose what you need in each of the following situations.*

1. Pour montrer ta famille à tes amis:

_____

2. Pour faire un feu dans la cheminée:

_____

3. Pour ouvrir la porte de la chambre d'hôtel:

_____

4. Pour les papiers que tu ne veux pas:

_____

5. Pour manger:

_____

6. Pour réchauffer (*heat up*) la soupe:

_____

Il faut + verb	you/we must + verb
Il ne faut pas+ verb	you/we must not + verb
Il faut faire tes devoirs, Marie.	You have to do your homework, Marie.
Il faut acheter vos livres.	You (all) have to buy your books.
Il ne faut pas être pessimiste.	We/You must not be pessimistic.

EXERCICE 30·5

Ce qu'il faut faire. (*What must be done.*)   *Suivez le modèle.*

EXEMPLE: Denise, tu ne fais pas attention.   *Il faut faire attention.*

1. Jacques, tu n'étudies pas.

_____

2. Jojo et Mimi, vous ne dormez pas.

_____

3. Nous ne mangeons pas assez de légumes.

_____

4. Vous ne lisez pas vos livres.

_____

5. Vous ne faites pas de sport.

_____

EXERCICE 30·6

Écrivez des phrases!

1. In order to have an "A," it is necessary to study.

_____

2. Before eating, it is necessary to prepare dinner.

_____

3. Instead of playing soccer, you must try to play football.

_____

4. It is necessary to eat well in order to be in good shape.

_____

5. You must do sports in order to be strong (**fort[e]**).

_____

6. We must be happy.

_____

7. You must not smoke.

_____

8. We must not be sad.

_____

Leçons 26–30

EXERCICE

R6·1

Traduisez!

1. I can speak French.

_____

2. I want to go to France.

_____

3. We have to go shopping. (use **devoir**)

_____

4. We must go to the mall. (use **Il faut**)

_____

5. He hopes to win the match.

_____

6. She prefers to dance.

_____

EXERCICE

R6·2

Le savez-vous? (*Do you know?*) *Choose the letter corresponding to the correct answer.*

1. Quel animal n'est pas dans l'eau?

    a. le poisson   b. le canard   c. la vache

2. Qu'est-ce qui n'est pas vert?

    a. le céleri   b. le maïs   c. le petit pois

3. Qu'est-ce qui n'est pas un fruit?

    a. la cerise   b. la pomme   c. le haricot

4. Qu'est-ce qui n'est pas mangeable pour les végétariens?

    a. le riz   b. le chou-fleur   c. le jambon

5. Qu'est-ce qui n'est généralement pas sur un hamburger?

    a. le chou-fleur   b. la tomate   c. la moutarde

EXERCICE R6·3

Conjuguez!

	JE/J'	TU	IL/ELLE	NOUS	VOUS	ILS/ELLES
1. avoir						
2. être						
3. faire						
4. aller						
5. devoir						
6. pouvoir						
7. vouloir						
8. espérer						

EXERCICE R6·4

Répondez avec une phrase complète.

1. Qu'est-ce qui est plus rapide, l'avion ou le train?

_____

2. De quelle couleur est le maïs?

_____

3. Qu'est-ce qui est pire, un accident de voiture ou un C en français?

_____

4. Est-ce que l'agent de police peut arrêter les criminels?

_____

5. Qui est le meilleur nageur, Michael Phelps ou toi?

_____

6. Qu'est-ce qui est plus grand, la tour Eiffel ou l'Arc de Triomphe?

_____

Finissez la phrase logiquement. *Choose the logical ending for each sentence.*

1. _____ Aujourd'hui nous fêtons mon anniversaire...   a. plusieurs fois chaque classe.

2. _____ Ils marchent (*walk*)...   b. cinq fois par jour.

3. _____ Tu réponds au professeur...   c. joyeusement.

4. _____ Nous disons... au revoir à nos amis.   d. tristement.

5. _____ Je vais à l'école...   e. rapidement.

Vrai ou faux?

1. _____ Un A est une meilleure note qu'un B.

2. _____ Pour avoir une bonne note, il faut étudier.

3. _____ Avant de manger, il faut laver la vaisselle.

4. _____ Au lieu de manger un sandwich, on peut manger deux poulets.

5. _____ Les étudiants doivent aller au cinéma au lieu de faire les devoirs.

6. _____ Il faut allumer la cuisinière quand on a chaud.

7. _____ Les légumes frais doivent rester dans le réfrigérateur.

8. _____ Un grand feu peut être dangereux.

9. _____ La moquette est toujours dans la poubelle.

10. _____ Un père est aussi important qu'une mère.

Grammar

Vocabulary

Fun facts

Demonstrative adjectives Common stem-changing -er verbs Expressions of time

Demonstrative adjectives

	SINGULAR	PLURAL
this, that	*these, those*	
MASCULINE	**ce** + noun starting in a consonant sound	**ces**
MASCULINE	**cet** + noun starting in a vowel sound	**ces**
FEMININE	**cette** + noun	**ces**

NOTEZ   -**Ci** or -**là** may be added after the noun when you wish to emphasize a contrast between *this* and *that* as in: **ce chapeau-ci et ce chapeau-là** (*this hat and that hat*).

EXERCICE
31·1
Traduisez!

1. this/that house_____

2. this/that son_____

3. this/that animal_____

4. these/those schools_____

5. this/that bathroom _____

6. this/that garage _____

7. this armchair and that armchair _____

8. these/those stairways _____

Stem-changing verbs

Common -er verbs with t→tt and l→ll stem changes

to throw   **jeter**   to call **appeler**

Common -er verbs with e→è, e→é, and y→i stem changes

	e→è		è→é		y→i
to buy	**acheter**	to celebrate	**célébrer**	to bore/annoy	**ennuyer**
to freeze	**geler**	to hope	**espérer**	to clean	**nettoyer**
to lift/raise	**lever**	to possess	**posséder**	to pay	**payer**
to walk	**promener**	to prefer	**préférer**	to try	**essayer**

EXERCICE

31·2

Vrai ou faux?

1. _____ Quand on veut acheter quelque chose, il faut payer.

2. _____ En Floride, il va geler tous les jours.

3. _____ On doit nettoyer sa chambre de temps en temps.

4. _____ Il faut lever la main en classe avant de répondre.

5. _____ Nous devons essayer de parler anglais en classe de français.

6. _____ Il faut espérer que l'économie va être meilleure cette année.

7. _____ Ce documentaire sur la politique va ennuyer les enfants.

8. _____ Les Français aiment célébrer leur fête d'indépendance le 4 juillet.

9. _____ Un homme riche peut posséder un château.

10. _____ Un professeur ne doit pas aimer un étudiant mieux qu'un autre.

Expressions de temps (*Expressions of time*)

this afternoon	**cet après-midi**	this time	**cette fois**
this instant	**cet instant**	this week	**cette semaine**
this month	**ce mois**	this year	**cette année**
this morning	**ce matin**	tonight	**ce soir**

Écrivez des phrases!

1. I can try to call my friend now.

   _____

2. If he does not answer, I have to call tonight.

   _____

3. I am going to throw away these papers.

   _____

4. I try to clean this office once a month.

   _____

5. I like to buy my clothes at this store.

   _____

6. I do not like to bore my students.

   _____

EXERCICE

31·4

Que va faire cette dame? (*What is this woman going to do?*) *Match each situation with what this person wants to do.*

1. _____ C'est son anniversaire.

2. _____ Il fait beau ce matin.

3. _____ Elle ne veut plus cet appartement.

4. _____ Elle veut plus de place pour sa voiture.

5. _____ Elle veut nettoyer le plancher de la cuisine.

6. _____ Elle n'aime pas cette lettre.

a. Elle va nettoyer son garage.

b. Elle va jeter ce papier dans le panier.

c. Elle va promener son chien.

d. Elle va célébrer.

e. Ce mois elle va acheter une maison.

f. Elle va enlever les chaises.

Jeter   Appeler
The forms of vieux, beau, nouveau
Friends

Conjugations of jeter and appeler

jeter *to throw (away)*

je	jette	nous	jetons
tu	jettes	vous	jetez
il	jette	ils	jettent
elle	jette	elles	jettent
on	jette		

appeler *to call*

j'	appelle	nous	appelons
tu	appelles	vous	appelez
il	appelle	ils	appellent
elle	appelle	elles	appellent
on	appelle		

EXERCICE

32·1

Vrai ou faux?

1. _____ On appelle la police quand il fait beau.

2. _____ Vous appelez le médecin quand vous êtes malade.

3. _____ Les parents appellent toujours leurs enfants au cinéma.

4. _____ Nous appelons le professeur pour demander des réponses à l'examen.

5. _____ Tu jettes la peau (*peel*) de la banane.

6. _____ Vous jetez votre beau bracelet.

7. _____ Nous jetons nos vieilles chaussettes.

8. _____ Les étudiants jettent leurs nouveaux livres.

Forms of **vieux** (*old*), **nouveau** (*new*), and **beau** (*handsome/beautiful*)

	SINGULAR	PLURAL
MASCULINE	vieux/vieil	vieux
	beau/bel	beaux
	nouveau/nouvel	nouveaux
FEMININE	vieille	vieilles
	belle	belles
	nouvelle	nouvelles

NOTEZ   Each of these adjectives has two masculine singular forms. One is used before a noun starting with a consonant sound (**le vieux monsieur** *the old gentleman*) and the other is used before a vowel sound (**le vieil arbre** *the old tree*)

EXERCICE 32·2

Complétez chaque phrase avec l'adjectif correct.

1. C'est un _____ acteur.   a. nouveau   b. nouvel

2. Ces actrices sont _____   a. beaux   b. belles

3. J'achète une _____ robe.   a. nouvel   b. nouvelle

3. Je ne jette jamais mes _____ chaussures.   a. vieille   b. vieilles

4. Mes parents recyclent leurs _____ journaux.   a. vieil   b. vieux

5. Je laisse ma place à ce _____ homme.   a. vieux   b. vieil

6. Paris est une très _____ville.   a. bel   b. belle

7. La France est un _____ pays.   a. beau   b. bel

8. Tahiti et Moorea sont des îles vraiment _____ a. bel   b. belles

EXERCICE 32·3

Vieux/vieille ou nouveau/nouvelle? (*Old or new?*)   Mark an X in the correct column to describe each item.

	VIEUX	VIEILLE	NOUVEAU	NOUVELLE
1. Un vêtement à Macy's	_____	_____	_____	_____
2. Une voiture de 1980	_____	_____	_____	_____
3. Un théâtre romain	_____	_____	_____	_____
4. Un café ouvert en 2010	_____	_____	_____	_____

5. La cathédrale Notre-Dame de Paris _____ _____ _____ _____

6. Un livre publié en 2012 _____ _____ _____ _____

VOCABULAIRE

Les amis (*Friends*)

buddy/pal	**le/la camarade**		friend	**l'ami(e)**
classmate	**le/la camarade de classe**		(boy/girl)friend	**le copain / la copine**

EXERCICE
32·4

Traduisez!

1. I call my old friends every day.

   _____

2. You only call your new girlfriend?

   _____

3. She often calls her handsome boyfriend.

   _____

4. I throw away or give away my old clothes.

   _____

5. We throw away the old pizza.

   _____

6. My classmates throw away their old notebooks.

   _____

Faits divers (*Fun facts*)

Une vieille ville francophone (*An old Francophone city*)

La vieille ville de Québec, fondée en 1608 par Samuel de Champlain, est déclarée patrimoine mondial par l'UNESCO en 1985. C'est la seule ville fortifiée en Amérique du Nord.

-Er verbs with e→è stem change Prepositions: location of things and people

-Er verbs with e→è stem change

acheter *to buy*

j'	achète	nous	achetons
tu	achètes	vous	achetez
il	achète	ils	achètent
elle	achète	elles	achètent
on	achète		

NOTEZ   The verbs **acheter** (*to buy*), **lever** (*to raise/lift*), **geler** (*to freeze*), and **promener** (*to walk* [i.e., *the dog*]) follow this conjugation pattern.

EXERCICE
33·1

Écrivez des phrases!

1. You (*pl.*) buy a kilo of apples.

   _____

2. They (*m.*) buy a cake.

   _____

3. We raise a hand.

   _____

4. She lifts the table.

   _____

5. I freeze the ham.

   _____

6. The oranges freeze when it is very cold.

   _____

7. You (*fam.*) walk your dog.

_____

8. They (*f.*) walk their dog.

_____

Vrai ou faux?

1. _____ On achète de vieilles bananes au marché.

2. _____ On achète des voitures à la librairie.

3. _____ En hiver, il gèle souvent au Canada.

4. _____ En classe, les élèves lèvent la main avant de répondre.

5. _____ Beaucoup de personnes promènent leurs poules.

6. _____ L'infirmière promène la vieille dame.

VOCABULAIRE

Prepositions and prepositional phrases

Simple prepositions

behind	**derrière**	in front of	**devant**
between	**entre**	on	**sur**
in/inside	**dans**	under	**sous**

Prepositional phrases

across from	**en face de**	next to	**à côté de**
far from	**loin de**	to the left of	**à gauche de**
near	**près de**	to the right of	**à droite de**

NOTEZ After prepositional phrases that include **de**, the contractions **du** and **des** may be necessary as in: **près du café** (*near the café*) or **loin des parcs** (*far from the parks*).

Écrivez des phrases!

1. I am in front of the teacher.

_____

2. Her book is on her desk.

_____

3. The strawberries are between the oranges and the apples.

_____

4. His cat is under the table.

_____

5. My bed is next to the window.

_____

6. The café is inside the mall.

_____

7. The bakery is far from here.

_____

8. The restaurant is to the right of the movie theater.

_____

9. There is a park across from the school.

_____

10. The library is near my school.

_____

Devinez quels sont les endroits. (_Guess what the places are._) _Match the places with their description._

1. _____ C'est un monument sur la place de l'Étoile à Paris.   a.   Versailles

2. _____ C'est un musée célèbre à côté de la Seine.   b.   Le jardin des Tuileries

3. _____ C'est un château célèbre près de Paris.   c.   Le Louvre

4. _____ C'est un parc devant le Louvre.   d.   L'Arc de Triomphe

-Er verbs with é→è stem change
More prepositions (place, time, and people)
Parts of the day

-Er verbs with é→è stem change

préférer *to prefer*

je	préfère	nous	préférons
tu	préfères	vous	préférez
il	préfère	ils	préfèrent
elle	préfère	elles	préfèrent
on	préfère		

NOTEZ   The verbs **célébrer** (*to celebrate*), **espérer que/qu'** (*to hope that*), **posséder** (*to own/possess*), and **préférer** (*to prefer*) follow this conjugation pattern.

EXERCICE
34·1

Écrivez des phrases!

1. I celebrate Thanksgiving.

_____

2. We celebrate our birthdays.

_____

3. You (*fam.*) hope that the exam is easy.

_____

4. You (all) hope that it is nice (weather).

_____

5. He owns many banks.

_____

6. We own a house.

_____

7. I prefer vegetables.

_____

8. You (all) prefer fruit.

_____

Prepositions to express *at, in, inside, to, a place*

À + ARTICLE + PLACE		DANS + ARTICLE + PLACE	
at/in/to school	**à l'école**	in/inside the book	**dans le livre**
at/in/to the stadium	**au stade**	in/inside the house	**dans la maison**
at/in/to the cafés	**aux cafés**	in/inside the room	**dans la chambre**

Prepositions to express *in* + time, month, season, and year

PART OF DAY		MONTH OR SEASON		YEAR	
A.M.	**du matin**	in January	**en janvier**	in 1900	**en 1900**
P.M.	**de l'après-midi**	in February	**en février**	in 2000	**en 2000**
P.M.	**du soir**	in the summer	**en été**	in 2012	**en 2012**

NOTEZ   *In the summer* can be expressed as **l'été** (*m.*) or **en été**, *in the fall* as **l'automne** (*m.*) or **en automne**, and *in the winter* as **l'hiver** (*m.*) or **en hiver**. *In the spring* is **le printemps** or **au printemps**.

VOCABULAIRE

Les parties de la journée (*Parts of the day*)

the morning / in the morning	**le matin**	the day / during the day	**le jour**
the afternoon / in the afternoon	**l'après-midi**	the night / at night	**la nuit**
the evening / in the evening	**le soir**		

EXERCICE
34·2

Vrai ou faux?

1. _____ En hiver, on fait beaucoup de pique-niques.

2. _____ La voiture de mon père est dans ma chambre.

3. _____ La fête de la Saint-Valentin est en février.

4. _____ Généralement, on préfère dormir la nuit.

5. _____ On prend toujours le petit déjeuner à six heures du soir.

6. _____ L'été, à l'école primaire, il n'y a pas de classes.

7. _____ Nous espérons regarder un match de tennis au stade à onze heures du matin.

8. _____ À l'université, les étudiants ont souvent plus de dix-huit ans.

Prepositions used with people

à	to	de	from/of
avec	with	**pour**	for
chez	at/to someone's home		

EXERCICE
34·3

Complétez chaque phrase avec à, avec, chez, de *ou* pour. *There may be more than one answer in some cases.*

1. Je parle tout le temps _____ ma copine.

2. Nous allons _____ Suzanne ce soir.

3. J'ai acheté ce cadeau _____ elle.

4. C'est le cahier _____ Cléa.

5. Tu veux aller au concert _____ moi?

6. La réponse _____ Camille est excellente.

7. Vous écrivez souvent _____ vos amis.

8. Mes copains adorent dîner _____ mes parents.

Faits divers (*Fun facts*)

Des noms de restaurants et de boîtes de nuit (*Names of restaurants and night clubs*)

Chez Marcel, Chez Philippe, Chez Jo-Jo, Chez Michel sont des noms de restaurants. Ces restaurants sont nommés d'après le propriétaire du restaurant. Il y en a partout en France.

Chez Régine est le nom d'une boîte de nuit ouverte à Paris dans les années soixante-dix par une chanteuse du nom de Régine. La boîte de nuit est près des Champs Élysées. Régine a lancé le *twist* en France en 1961 et elle dit avoir « inventé » la discothèque car c'est elle la première à installer des jeux de lumières colorés sur une piste de danse.

-Er verbs with y→i stem change
Near future: **aller** + *infinitive*
Near past: **venir de** + *infinitive*

-Er verbs with y→i stem change

essayer (de/d')			*to try on / to try (to . . .)*
j'	essaie	nous	essayons
tu	essaies	vous	essayez
il	essaie	ils	essaient
elle	essaie	elles	essaient

NOTEZ   The verbs **ennuyer** (*to annoy/bore*), **nettoyer** (*to clean*), and **payer** (*to pay*) also follow this conjugation pattern.

EXERCICE
35·1

Écrivez des phrases!

1. I try on my new sweater.

_____

2. You (*fam.*) try to speak French.

_____

3. We bore our friends with these stories.

_____

4. They (*f.*) annoy their little brother.

_____

5. The chef cleans his kitchen.

_____

6. You (all) do not clean your house.

_____

7. I pay for my sister.

_____

8. We pay a lot for these clothes.

_____

Near future

aller + _infinitive_

je	**vais**	**payer**	_I_	_am going_	_to pay_
tu	**vas**	**réussir**	_you_	_are going_	_to succeed_
il	**va**	**répondre**	_he_	_is going_	_to answer_
elle	**va**	**téléphoner**	_she_	_is going_	_to phone_
nous	**allons**	**écrire**	_we_	_are going_	_to write_
vous	**allez**	**lire**	_you_	_are going_	_to read_
ils	**vont**	**partir**	_they_	_are going_	_to leave_
elles	**vont**	**dormir**	_they_	_are going_	_to sleep_

EXERCICE
35·2

Vrai ou faux?

1. _____ Nous allons finir tous les exercices dans ce livre aujourd'hui.

2. _____ L'ours va dormir tout l'hiver.

3. _____ Nous allons dîner au restaurant ce soir à minuit.

4. _____ Mes parents vont fêter leur premier anniversaire de mariage samedi.

5. _____ Les étudiants américains vont écrire un essai en anglais.

6. _____ Le professeur va essayer d'expliquer cette leçon difficile.

7. _____ Ces histoires très amusantes vont ennuyer les spectateurs.

8. _____ Vous allez prendre le train pour aller de New York à Paris.

Complétez les phrases. *Complete each sentence with the most appropriate phrase from the right-hand column.*

1. _____ Tom Cruise va...

2. _____ Tiger Woods va...

3. _____ Venus et Serena Williams vont...

4. _____ Norah Jones va...

5. _____ Larry King va...

6. _____ Elvis Presley va...

a. chanter dans des night-clubs new-yorkais

b. participer au French Open

c. interviewer une célébrité.

d. jouer dans un nouveau film.

e. rester célèbre dans le monde du rock.

f. gagner un tournoi de golf

Near past

venir de + *infinitive*

je	viens de	rentrer	*I*	*just*	*came back*
tu	**viens de**	**sortir**	*you*	*just*	*went out*
il	**vient de**	**perdre**	*he*	*just*	*lost*
elle	**vient de**	**terminer**	*she*	*just*	*finished*
nous	**venons d'**	**arriver**	*we*	*just*	*arrived*
vous	**venez de**	**manger**	*you*	*just*	*ate*
ils	**viennent de**	**nettoyer**	*they*	*just*	*cleaned*
elles	**viennent d'**	**appeler**	*they*	*just*	*called*

Qu'est-ce que chaque personne vient de faire? (*What did each person just do?*) *Choose the letter that goes with the logical end to each sentence.*

1. _____ Le vendeur de chaussures vient...

2. _____ L'épicière vient...

3. _____ L'étudiant vient...

4. _____ La serveuse vient...

5. _____ Le coiffeur vient...

6. _____ La jardinière vient...

7. _____ L'employé d'Air France vient...

8. _____ Le boulanger vient...

a. de vendre une bouteille d'eau.

b. de passer un examen.

c. de couper les cheveux du client.

d. de faire un bouquet.

e. de vérifier la carte d'embarquement.

f. de finir ses croissants.

g. de montrer une paire de sandales à une dame.

h. d'apporter la salade.

Écrivez des phrases!

1. I just ate a sandwich.

   _____

2. You (*fam.*) just tried on a dress.

   _____

3. He just bought a new car.

   _____

4. She just threw away an old magazine.

   _____

5. We just went to the cinema.

   _____

6. My friends just called.

   _____

Leçons 31–35

**EXERCICE
R7·1**

Traduisez!

1. This afternoon, I am going to buy a new bike.

   _____

2. I prefer to go out with my friends in the evening.

   _____

3. Oranges freeze when it is too cold.

   _____

4. The museum is far from the hotel.

   _____

5. We are behind my parents at the movie theater.

   _____

6. My keys are on my desk in my room.

   _____

7. This gift is for my mother.

   _____

8. In the summer, I do not go to school.

   _____

**EXERCICE
R7·2**

Vrai ou faux?

1. _____ Il faut quelquefois nettoyer sa chambre.

2. _____ Nous dormons généralement sous le lit.

3. _____ Vous avez la main sur le papier quand vous écrivez.

4. _____ On prend le déjeuner à six heures du matin.

5. _____ Les enfants de dix ans vont à l'école en juillet et en août.

6. _____ Tu vas finir ce travail bientôt.

7. _____ Les Français vont célébrer la fête de la Bastille le 14 juillet.

8. _____ Tu viens de faire l'exercice R7-2.

EXERCICE
R7·3

Maintenant (*now*), **avant** (*before*) **ou après** (*later*)? (*Is this happening now, did it happen before or is it going to happen later?*) *Mark the space that corresponds to the time mentioned in the statement.*

	MAINTENANT	AVANT	APRÈS
1. Je grossis parce que je mange trop.	_____	_____	_____
2. Il va étudier le français en France.	_____	_____	_____
3. Le mécanicien vient de réparer le moteur.	_____	_____	_____
4. Tu es à l'école avec tes amis. Tu travailles.	_____	_____	_____
5. Nous avons très faim. Il est midi.	_____	_____	_____
6. Le professeur vient d'arriver.	_____	_____	_____
7. La serveuse va apporter nos sandwichs.	_____	_____	_____
8. Tu portes tes nouveaux sous-vêtements.	_____	_____	_____
9. Les filles jouent au tennis.	_____	_____	_____
10. Nous venons de rentrer de France.	_____	_____	_____

Faits divers (*Fun facts*)

Tahiti

Tahiti est une île dans l'océan Pacifique. C'est une des nombreuses îles de la Polynésie française. Elle est près de la Nouvelle-Zélande et très loin des États-Unis. Sur l'île, il y a des palmiers et des bananiers ainsi que des fleurs tropicales comme l'hibiscus et la tiare. Deux volcans culminent à des hauteurs respectables près de larges vallées et plaines. Les côtes de Tahiti sont protégées par des massifs coralliens et offrent de longues plages basaltiques. Sur les côtes des îles polynésiennes, on cultive les plus belles perles du monde.

Grammar

Vocabulary

Fun facts

Direct object pronouns
Gifts

36

Direct object pronouns

me/m'	me	**le**	it/him
te/t'	you (*fam.*)	**la**	it/her
nous	us	**l'**	it/him/her (*before vowel sound*)
vous	you (*form., pl.*)	**les**	them

NOTEZ   Remember to place the object pronoun before the verb as in the following example: **Il *me* cherche.** *He looks for **me**.*

VOCABULAIRE

Cadeaux (*Gifts*)

bouquet	**le bouquet**	perfume	**le parfum**
bracelet	**le bracelet**	purse, bag	**le sac à main**
earring	**les boucles d'oreille** (*f.*)	ring	**la bague**
jewelry	**les bijoux** (*m.*)	subscription	**l'abonnement** (*m.*)
necklace	**le collier**	video game	**le jeu vidéo**

EXERCICE
36·1

Traduisez les phrases.

1. You watch me.

   _____

2. He likes me.

   _____

3. They call us.

   _____

4. The teacher looks for you (all).

   _____

5. His parents invite us.

_____

6. She loves you (*fam.*).

_____

_____

Traduisez les deux paires de phrases. (Translate each pair of sentences.)

1. I like the book. _____

   I like it. _____

2. We love the jewelry (**les bijoux**). _____

   We love them. _____

3. You (*fam.*) read the magazine. _____

   You read it. _____

4. She buys the video game. _____

   She buys it. _____

5. He eats the pizza. _____

   He eats it. _____

6. I buy the subscriptions. _____

   I buy them. _____

7. He adores the necklace. _____

   He adores it. _____

8. We want the perfume. _____

   We want it. _____

9. They (*m.*) write the letter. _____

   They write it. _____

10. You (all) give the bouquet. _____

    You give it. _____

EXERCICE 36·3

Vrai ou faux? *Are these speakers' statements logical or illogical?*

1. _____ Quand j'ai soif et que j'ai de l'eau, je la bois.

2. _____ Quand je reçois une lettre de mon copain, je la jette.

3. _____ Quand je veux parler à mon amie, je l'appelle au téléphone.

4. _____ J'ai des boucles d'oreille très jolies. Je les porte souvent.

5. _____ Quand je dois acheter du pain, mes parents me donnent cent dollars.

6. _____ Quand le gâteau est bon, tout le monde le mange.

7. _____ Quand tu me donnes un cadeau, je te déteste.

8. _____ Quand nos bons amis ont des tickets de concert, ils nous invitent.

EXERCICE 36·4

*Complétez chaque phrase avec le pronom objet direct approprié. (Complete each sentence with the appropriate object pronoun **le**, **la**, **l'**, or **les**.)*

1. Je veux un abonnement à ce magazine. Je _____ paie.

2. Nous aimons ces pantalons. Nous _____ essayons.

3. Mes amis trouvent un jeu vidéo amusant. Ils _____ achètent.

4. Je vois des boucles d'oreille très belles. Je _____ adore.

5. Regarde cette bague! Tu _____ veux?

EXERCICE 36·5

*Complétez chaque phrase avec le pronom objet direct approprié. (Complete each sentence with the appropriate object pronoun **me/m'**, **te/t'**, **nous**, or **vous**.)*

1. Tu es ma meilleure amie. Je _____ invite à ma fête d'anniversaire.

2. C'est la Saint-Valentin aujourd'hui. Dis, tu _____ aimes?

3. Nous sommes en vacances. Nos parents _____ envoient un e-mail.

4. Vous êtes mon chauffeur de taxi. Je _____ donne un pourboire (*tip*).

Faits divers *(Fun facts)*

Comment choisir les cadeaux *(How to choose gifts)*

Pour trouver un bon cadeau pour votre copain ou copine, pensez à ses passe-temps préférés. Elle aime bricoler? Vous pouvez l'inscrire à un petit cours en scrapbooking; elle l'adorera. Il aime lire? Un abonnement à un magazine qu'il apprécie est idéal.

Pour trouver un bon cadeau pour votre grand-mère, imaginez de petites attentions, des choses simples mais touchantes, peut-être de belles photos des enfants, petits-enfants et arrière-petits-enfants.

Savoir
Hobbies
Ne... pas

savoir *to know a fact / to know how*

je	sais	nous	savons
tu	sais	vous	savez
il	sait	ils	savent
elle	sait	elles	savent
on	sait		

NOTEZ   The verb **savoir** is often followed by **que/qu'** (*that*) as in: **Je sais** *que* **tu viens.** *I know that you're coming.*

VOCABULAIRE

Les passe-temps et les hobbies (*Pastimes and hobbies*)

to chat	**bavarder**	to paint	**peindre**
to go shopping	**faire des achats**	to play soccer	**jouer au foot**
to go to the movies	**aller au cinéma**	to play the piano	**jouer du piano**
to listen to music	**écouter de la musique**	to tinker	**bricoler**

EXERCICE
37·1

Traduisez chaque phrase.

1. I know how to play the piano.

   _____

2. You (*fam.*) know how to paint.

   _____

3. She knows how to play soccer.

   _____

4. We know that he likes pizza.

   _____

5. My friends know that I like to chat.

_____

6. They know that we tinker all the time.

_____

EXERCICE
37·2

Vrai ou faux?

1. _____ Un professeur de français sait parler français.

2. _____ Un mécanicien sait réparer un moteur.

3. _____ Un bon président sait gouverner.

4. _____ Un dentiste sait beaucoup de choses sur les animaux.

5. _____ Un bijoutier sait beaucoup de choses sur les bijoux.

6. _____ Les astronautes doivent savoir nager.

7. _____ Nous savons où est notre maison.

8. _____ Nos parents ne savent pas quand nous sommes nés (*born*).

Making a verb negative with **ne... pas**

AFFIRMATIVE STATEMENT   Il   sait   compter.
PATTERN   subject + verb + complement
NEGATIVE STATEMENT   Il   **ne**   sait   **pas**   compter.
PATTERN   subject + **ne** + verb + **pas** + complement

NOTEZ   **Ne** becomes **n'** before a vowel sound as in: **Je n'aime pas lire.** *I do not like to read.*

EXERCICE
37·3

Traduisez chaque phrase.

1. I do not know where you (*fam.*) live.

_____

2. You (*fam.*) do not know how to play golf.

_____

3. She does not know that it snows here.

_____

4. You (*pl.*) do not want to know the truth.

_____

5. They (*f.*) do not know that I play the violin.

_____

Vrai ou faux?

1. _____ Le Texas n'est pas un petit état.

2. _____ Nous ne savons pas du tout le français.

3. _____ La France n'est pas gouvernée par un dictateur.

4. _____ Matt Damon et Brad Pitt ne sont pas célèbres.

5. _____ Angelina Jolie ne sait pas le français.

6. _____ Les acteurs qui travaillent comme serveurs ne sont pas riches.

7. _____ Les éléphants ne sont pas des animaux domestiques.

8. _____ Donald Trump n'est pas millionnaire.

Making a noun phrase negative with **pas**

AFFIRMATIVE NOUN PHRASE	à la maison *at home*	le lundi *on Mondays*	Pierre *Pierre*
NEGATIVE NOUN PHRASE	**pas** à la maison *not at home*	**pas** le lundi *not on Mondays*	**pas** Pierre *not Pierre*

Making a partitive article negative with **pas**

	MASCULINE	FEMININE	PLURAL
AFFIRMATIVE (*SOME*...)	**du** pain	**de la** glace	**des** bonbons
NEGATIVE (*NO/ANY*)	**pas de** pain	**pas de** glace	**pas de** bonbons

Making an adverb negative with **pas**

AFFIRMATIVE ADVERB	ici *here*	bien *well*	aujourd'hui *today*
NEGATIVE ADVERB	**pas** ici *not here*	**pas** bien *not well*	**pas** aujourd'hui *not today*

Traduisez chaque exclamation.

1. Not so fast! _____

2. Not in the kitchen! _____

3. Not every day! _____

4. No ice cream please! _____

5. No bread, thank you! _____

6. Not in the summer! _____

Quelle est la réponse logique de l'étudiant au professeur? *(Which is the logical response from the student to the teacher?) Choose the student's response from among those in the right-hand column.*

1. _____ Je dois donner des devoirs de temps en temps.

2. _____ Quelquefois, vous me donnez la migraine.

3. _____ Il ne faut pas parler de vos vacances.

4. _____ Vous ne devez pas faire les devoirs de maths.

5. _____ Vous parlez français avec vos camarades.

a. Pas en classe de français!

b. Mais pas avec nos parents!

c. Mais pas tous les jours!

d. Mais pas quand nous sommes sages.

e. Pas pendant la leçon de grammaire!

Faits divers *(Fun facts)*

Les hobbies en France *(Hobbies in France)*

Les Français passent beaucoup de temps à téléphoner, à regarder la télévision et à écouter de la musique. Environ cinquante pour cent vont au cinéma, quarante-trois pour cent surfent sur Internet, quarante pour cent regardent des films sur DVD et trente-cinq pour cent effectuent des activités de loisirs sur un ordinateur. Les jeunes de quinze à vingt-cinq ans passent beaucoup de temps à des jeux vidéo sur ordinateur.

Connaître
The neighborhood
Countries and states

Conjugation of connaître

connaître *to be familiar with (a place or a person)*

je	connais	nous	connaissons
tu	connais	vous	connaissez
il	connaît	ils	connaissent
elle	connaît	elles	connaissent
on	connaît		

VOCABULAIRE

Le quartier (*The neighborhood*)

the cafe	**le café**	the pool	**la piscine**
the church	**l'église** (*f.*)	the restaurant	**le restaurant**
the library	**la bibliothèque**	the school	**l'école** (*f.*)
the plaza/square	**la place**	the sports club	**le centre sportif**

EXERCICE

38·1

Traduisez chaque phrase.

1. I know this restaurant well.

   _____

2. You (*fam.*) do not know this sports club.

   _____

3. She does not know the neighborhood.

   _____

4. We know many good cafes.

   _____

5. You (*pl.*) know this library.

_____

6. They know our school.

_____

Vrai ou faux?

1. _____ Les New-Yorkais connaissent Central Park.

2. _____ Les Français connaissent Audrey Tautou.

3. _____ Un Parisien connaît tous les musées de France.

4. _____ Nous connaissons toujours personnellement nos politiciens.

5. _____ Les jeunes d'aujourd'hui connaissent bien Humphrey Bogart.

6. _____ Un avocat doit bien connaître ses clients.

7. _____ Un bon médecin connaît ses patients.

8. _____ Nous connaissons beaucoup de chansons contemporaines.

VOCABULAIRE

Des pays et des états (*Some countries and states*)

EN EUROPE (*IN EUROPE*)		EN AMÉRIQUE (*IN AMERICA*)	
Belgium	**la Belgique**	Canada	**le Canada**
England	**l'Angleterre** (*f.*)	Quebec	**le Québec**
France	**la France**	Mexico	**le Mexique**
Germany	**l'Allemagne** (*f.*)	United States	**les États-Unis** (*m.*)
Italy	**l'Italie** (*f.*)	California	**la Californie**
Luxembourg	**le Luxembourg**	Colorado	**le Colorado**
Spain	**l'Espagne** (*f.*)	Florida	**la Floride**
Switzerland	**la Suisse**	New York	**l'État de New York** (*m.*)

NOTEZ To express *in* a country or state, the preposition **en** is used before a feminine noun, as in **en France** (*in France*), the preposition **au/aux** is used before a masculine noun, as in **au Canada** and **aux États-Unis** (*in Canada* and *in the United States*).

Que et qui connaissent-ils bien? (*With what and with whom are they very familiar?*) *Complete each sentence with its logical ending; there may be more than one right answer.*

1. _____ Il habite au Canada. Il connaît bien...

2. _____ Elle habite aux États-Unis. Elle connaît bien...

3. _____ Il habite en Allemagne. Il connaît bien...

4. _____ Elle habite en France. Elle connaît bien...

5. _____ Il habite en Suisse. Il connaît bien...

6. _____ Elle habite au Québec. Elle connaît bien...

7. _____ Ils habitent en Californie. Ils connaissent bien...

8. _____ Ils habitent au Mexique. Ils connaissent bien...

9. _____ Ils habitent au Colorado. Ils connaissent bien...

10. _____ Ils habitent en Floride. Ils connaissent bien...

a. la ville de Genève.

b. la ville de Berlin.

c. la ville de Montréal.

d. la musique des mariachis.

e. les acteurs de Hollywood.

f. l'art impressionniste.

g. les vins de Napa Valley.

h. Key West.

i. Toronto.

j. des stations de ski.

Faits divers (*Fun facts*)

Des tours intéressantes (*Interesting towers*)

◆ En France: La tour Eiffel, conçue par l'ingénieur Gustave Eiffel pour l'Exposition universelle de 1889 qui devait célébrer le centenaire de la Révolution française, continue d'être l'un des endroits les plus visités au monde: 249.976.000 visiteurs entre 1889 et 2009.

◆ En Allemagne: Approximativement 240 tours Bismarck ont été construites entre les années 1869 et 1934 pour honorer le chancelier impérial Otto von Bismarck.

◆ En Italie: La Tour de Pise, vieille de plus de 800 ans, défie les règles architecturales car elle penche à présent d'environ 3,90 m. par rapport à la verticale. Sans les appareils sophistiqués actuellement en place, elle s'inclinerait (*would lean*) de plus en plus en direction du sud chaque année.

◆ En Angleterre: La tour de Londres, un bâtiment sur la Tamise à Londres, a servi de forteresse, d'arsenal, de trésorerie, d'hôtel des Monnaies, de palais, de refuge, de prison et de lieu d'exécution.

·39· Savoir and connaître

Using **savoir** and **connaître** (to know)

INFORMATION	Tu **sais** où j'habite.	*You know where I live.*
HOW TO DO SOMETHING	Tu **sais** jouer du piano.	*You know how to play the piano.*
PEOPLE	Tu **connais** des gens amusants.	*You know fun people.*
PLACES	Tu **connais** bien cette ville.	*You know this city well.*
DATES	Tu **connais** sa date de naissance.	*You know his/her date of birth.*

EXERCICE
39·1

Savoir ou connaître? *Write the correct form of* **savoir** *or* **connaître** *in the space provided.*

1. Je _____ que tu es toujours en avance.

2. Je _____ tes cousins.

3. Tu ne _____ pas parler chinois.

4. Elle _____ tous les cafés du quartier.

5. Nous _____ bien écrire en français.

6. Vous _____ la serveuse?

7. Ils _____ faire de la luge.

8. Elles _____ quand l'avion va arriver.

Les conjugaisons: révision de conjugaisons irrégulières

	JE/J'	TU	IL/ELLE/ON	NOUS	VOUS	ILS/ELLES
1. savoir						
2. connaître						
3. être						
4. avoir						
5. faire						
6. aller						
7. vouloir						
8. pouvoir						
9. devoir						
10. écrire						
11. lire						
12. dire						

Oui ou non? *Answer each question either in the affirmative or in the negative form.*

1. Tu sais nager? _____

2. Tu sais parler anglais? _____

3. Tu sais voler? _____

4. Tu connais les films *Star Trek*? _____

5. Tu connais la tragédie *Hamlet*? _____

6. Tu connais toutes les fables de La Fontaine? ___

Vrai ou faux?

1. _____ George Clooney ne sait pas jouer ses rôles.

2. _____ Le prince William connaît Buckingham Palace.

3. _____ Le président de la République française connaît le palais de l'Élysée.

4. _____ Beaucoup d'enfants connaissent l'histoire de Cendrillon.

5. _____ Une nouvelle élève ne sait pas toujours où est la bibliothèque.

6. _____ Un enfant de dix ans sait lire.

7. _____ Les historiens ne savent rien sur Napoléon Bonaparte.

8. _____ Nous savons la date de la fête de l'Indépendance américaine.

9. _____ Tout le monde sait la date de naissance de George Washington.

10. _____ Tous les Français savent jouer au rugby.

Écrivez des phrases!

1. They (*m.*) know where she is.

_____

2. I do not know the new teacher.

_____

3. My parents know the city of New York well.

_____

4. We know how to read in French.

_____

5. You (*fam.*) know many good restaurants.

_____

6. She does not know when the movie starts.

_____

7. I do not know how to play the piano.

_____

8. The students know many bookstores.

_____

Using **de** and **à** plus noun Adverbs of negation

Using **de/d'** + *noun*

POSSESSION	C'est la voiture **de** Chloé.	*It is Chloé's car (the car of Chloé).*
RELATIONSHIP	Marie est la fille **de** Paul.	*Marie is Paul's daughter (the daughter of Paul).*
COMPLEMENT OF NOUN	C'est une photo **de** Jacques.	*This is a photo of Jacques.*
FROM A PLACE	Elle arrive **de** France.	*She's arriving from France.*
FROM A PERSON	C'est un e-mail **de** mon copain.	*It is an e-mail from my friend.*

NOTEZ Remember to contract **de** with the definite articles **le** (**du**) and **les** (**des**).

EXERCICE
40·1

Vrai ou faux?

1. _____ La fille de ma sœur est ma cousine.

2. _____ La Maison Blanche est la résidence des présidents et des vice-présidents américains.

3. _____ L'uniforme de l'agent de police est marron aux États-Unis.

4. _____ Beaucoup d'enfants connaissent l'histoire du Petit Chaperon Rouge.

5. _____ Les étudiants qui viennent d'un pays étranger ont un visa.

6. _____ Le titre de ce livre est *Basic French*.

EXERCICE
40·2

Traduisez les expressions!

1. my brother's car _____

2. my friend's parents _____

3. the teacher's book _____

4. the title of the poem _____

5. from Italy _____

6. from the swimming pool _____

Using à + *noun*

POSSESSION	Cet iPod est **à** ma soeur.	*This iPod belongs to my sister.*
CHARACTERIZATION	C'est une glace **à** la vanille.	*This is (a) vanilla ice-cream.*
USE	C'est une cuillère **à** soupe.	*This is a soup spoon.*
TO A PLACE	Je vais **à** l'école.	*I go to school.*
TO A PERSON	Je donne un cadeau **à** Suzie.	*I give a gift to Suzie.*

NOTEZ   Remember to contract **à** with **le** (**au**) and with **les** (**aux**) and to use **en** or **au/aux** to express *to a country/state.*

VOCABULAIRE

Ustensiles de cuisine (*Kitchen utensils*)

a glass	**un verre**	a knife	**un couteau**	a spoon	**une cuillère**

EXERCICE 40·3

Vrai ou faux?

1. _____ Il faut une cuillère à soupe pour manger de la soupe à l'oignon.

2. _____ Il faut des verres à eau sur la table pour les gens qui ne boivent pas de vin.

3. _____ Il faut dire au revoir quand on arrive chez des amis.

4. _____ Il faut des cuillères à café pour manger l'omelette aux champignons.

5. _____ Il faut acheter des billets de cinéma quand on vient du cinéma.

6. _____ Il faut donner un cadeau à sa mère pour la fête des Pères.

EXERCICE 40·4

Traduisez les expressions!

1. a coffee spoon _____

2. a wine glass _____

3. a chocolate cake _____

4. a cheese omelet _____

5. to the post office _____

6. to the teacher _____

Adverbs of negation: **rien** (*nothing*), **jamais** (*never*), **plus** (*no longer*), **personne** (*no one*)

PATTERN	SUBJECT + **NE** + VERB + NEGATIVE ADVERB	
rien	Elle **ne** sait **rien**.	*She knows nothing. / She does not know anything.*
jamais	Elle **ne** crie **jamais**.	*She never yells.*
plus	Elle **ne** chante **plus**.	*She no longer sings. / She does not sing anymore.*
personne	Elle **ne** cherche **personne**.	*She looks for no one. / She's not looking for anyone.*

EXERCICE
40·5

Écrivez des phrases!

1. I never eat in the morning.

_____

2. You (*fam.*) do not play anymore.

_____

3. He says nothing.

_____

4. We do not want anything.

_____

5. You (*pl.*) do not write anymore.

_____

6. They want nothing.

_____

Qui est-ce? (*Who is it [person or animal]?*)   *Match the description with the person or animal.*

1. _____ Il ne compose plus de musique.

2. _____ Il ne fait rien en hiver.

3. _____ Il n'invite ni n'aime personne.

4. _____ Il ne sort jamais de l'eau.

5. _____ Il n'existe plus sur terre.

a. le poisson

b. le dinosaure

c. Mozart

d. l'ermite

e. l'ours

Leçons 36–40

EXERCICE

R8·1

Trouvez la bonne réplique. (*Find the correct reply.*)   *Match the answer with the question.*

1. _____ Tu achètes cette télévision?

2. _____ Tu dois faire ce travail.

3. _____ Patrick et Marco sont tes meilleurs amis.

4. _____ Elle est prête, l'omelette?

5. _____ C'est Sophie, ta copine?

6. _____ Ton ordinateur ne marche pas très bien.

a.   Oui, je les invite souvent.

b.   Je sais, je dois le réparer.

c.   Oui, je l'adore.

d.   Oui, je la ramène chez moi aujourd'hui.

e.   Oui, tu peux la manger!

f.   Je sais; je vais le commencer maintenant.

EXERCICE

R8·2

Vrai ou faux?

1. _____ On n'offre jamais de fleurs ou de chocolats pour la Saint-Valentin.

2. _____ Un homme offre quelquefois une bague à sa fiancée.

3. _____ On achète un collier à la boulangerie.

4. _____ Les enfants ne savent rien jouer.

5. _____ Les Français n'ont plus de roi (*king*).

6. _____ Avec l'invention de la télévision, on ne lit plus.

7. _____ On ne voit personne au stade quand il y a un match.

8. _____ Les Parisiens connaissent le Louvre.

En France, au Canada ou aux États-Unis? *Mark the country known for this characteristic.*

	EN FRANCE	AU CANADA	AUX ÉTATS-UNIS
1. Il y a la ville de Québec.	_____	_____	_____
2. Les universités ont des équipes de football.	_____	_____	_____
3. Il y a deux langues officielles.	_____	_____	_____
4. On fête le 14 juillet.	_____	_____	_____
5. Il y a cinquante états.	_____	_____	_____
6. Le hockey est le sport national.	_____	_____	_____
7. On mange de la baguette tous les jours.	_____	_____	_____
8. Il y a plusieurs cafés dans chaque quartier.	_____	_____	_____

Savoir ou connaître? Lequel est-ce? *Complete each sentence with the correct form of **savoir** or **connaître**.*

1. Je _____ les présidents américains.

2. Tu ne _____ pas ton sénateur.

3. Elle _____ que Versailles est en France.

4. Nous _____ qu'il y a des espèces d'animaux en danger.

5. Vous _____ un excellent restaurant italien?

6. Ils _____ où est la statue de la Liberté.

Traduisez les phrases!

1. I prefer Colette's gift.

_____

2. She has a new necklace; she likes it.

_____

3. You (*pl.*) know how to make a cheese omelet.

_____

4. He knows no one in this city.

_____

5. This is John's brother.

_____

6. We do nothing on Sundays.

_____

7. They (*f.*) do not go to this library anymore.

_____

8. You (*fam.*) write an e-mail to your uncle.

_____

Grammar

Vocabulary

Fun facts

Irregular -ir verbs: sentir, sortir, partir, dormir
Adverbial phrases

VOCABULAIRE

Des adverbes et des locutions adverbiales (*Adverbs and adverbial phrases*)

all the time	**tout le temps**	rarely	**rarement**
almost	**presque**	sometimes	**quelquefois**
from time to time	**de temps en temps**	together	**ensemble**

Conjugation of **sortir**, **partir**, and **dormir**

sentir (*to smell*), **sortir** (*to go out*), **partir** (*to leave*), and **dormir** (*to sleep*)

je	sens-sors-pars-dors	nous	sentons-sortons-partons-dormons
tu	sens-sors-pars-dors	vous	sentez-sortez-partez-dormez
il	sent-sort-part-dort	ils	sentent-sortent-partent-dorment
elle	sent-sort-part-dort	elles	sentent-sortent-partent-dorment

EXERCICE
41·1

Vrai ou faux?

1. _____ Le parfum sent presque toujours mauvais.

2. _____ Les touristes partent en voyage.

3. _____ Les acteurs ne sortent jamais avec leur famille.

4. _____ Les garçons et les filles sortent quelquefois ensemble.

5. _____ Les chats dorment rarement.

6. _____ Quand je prends un bain, je sens bon.

7. _____ De temps en temps, mon alligator dort sur mon lit.

8. _____ Ma grand-mère part tout le temps sur la lune (*moon*).

9. _____ Le skieur dort sur ses skis.

10. _____ Les ordures (*garbage*) sentent vraiment bon.

191

Écrivez des phrases!

1. I like to go out with my friends.

_____

2. You (*fam.*) rarely leave.

_____

3. He almost always sleeps at home.

_____

4. A skunk (**un putois**) can smell bad.

_____

5. You (all) leave together.

_____

6. They go out to the restaurant from time to time.

_____

7. (The) flowers smell good.

_____

8. We never go out during the week.

_____

Où et comment? (*Where and how?*)   *Find the logical ending for each sentence.*

1. _____ Mon père sort...   a.   mauvais.

2. _____ Le bébé dort...   b.   en voiture.

3. _____ Les adolescents sortent souvent...   c.   vers le chaud.

4. _____ La rose fraîche sent...   d.   dans un vaisseau spatial.

5. _____ Les singes dorment…   e.   bon.

6. _____ Les oiseaux partent…   f.   au cinéma.

7. _____ L'astronaute part…   g.   dans les arbres.

8. _____ Les vieux fromages sentent…   h.   dans un petit lit.

Reflexive pronouns
Reflexive verbs
Parts of the body
Feelings

Reflexive pronouns

me/m'	nous
te/t'	vous
se/s'	se

Conjugation of reflexive verbs

s'appeler *to call oneself / to be named*

je	m'	appelle	nous	nous	appelons
tu	t'	appelles	vous	vous	appelez
il	s'	appelle	ils	s'	appellent
elle	s'	appelle	elles	s'	appellent

VOCABULAIRE

Quelques verbes réfléchis (A *few reflexive verbs*)

to apply make-up	**se maquiller**	to get up	**se lever**
to be named / call oneself	**s'appeler**	to go for a walk	**se promener**
to comb one's hair	**se peigner (les cheveux)**	to go to bed / lie down	**se coucher**
to dry oneself	**se sécher**	to hurry (to)	**se dépêcher (de)**
to fall asleep	**s'endormir**	to look at oneself / one another)	**se regarder**
to feel	**se sentir**	to shave (oneself)	**se raser**
to get dressed	**s'habiller**	to tan	**se bronzer**
to get mad/angry	**se fâcher**	to wake up	**se réveiller**
to get married (to)	**se marier (avec)**	to wash oneself	**se laver**

NOTEZ Remember that the verbs **lever** and **promener** have a stem change (e→è); the verb **sécher** has a stem change (é→è); and that **sentir** and **endormir** have irregular conjugations based on the pattern of **sortir** and **dormir**.

Conjuguez! *Conjugate the following verbs in their reflexive forms.*

	JE	TU	IL/ELLE	NOUS	VOUS	ILS/ELLES
1. se lever						
2. s'habiller						
3. se peigner						
4. se coucher						
5. se raser						
6. se sentir						
7. se sécher						
8. se bronzer						

Traduisez!

1. I get up at 6:30.

_____

2. You (*fam.*) get dressed right away.

_____

3. He combs (his hair) in the bathroom.

_____

4. We go to bed at 10.

_____

5. You (*pl.*) shave in the shower.

_____

6. They (*m.*) feel good today.

_____

7. Her name is Véronique.

_____

8. We dress very chic.

_____

Les parties du corps (*Parts of the body*)

the beard	**la barbe**	the hand	**la main**
the ear	**l'oreille** (*f.*)	the leg	**la jambe**
the face	**la figure**	the mustache	**la moustache**
the hair	**les cheveux** (*m.*)	the tooth	**la dent**

NOTEZ Remember to use definite articles with parts of the body in a sentence with reflexive verbs:
Il se rase *la* moustache *He shaves his mustache.*

EXERCICE 42·3

Écrivez!

Every morning I wake up at six o'clock. I get up quickly and wash my face and my hands. Sometimes I wash my hair in the shower and then I dry myself. I always brush my teeth and comb my hair. After breakfast, I hurry to take the bus. In the evening I go to bed at 10:30 and I almost always fall asleep right away.

_____

_____

_____

_____

EXERCICE 42·4

Qu'est-ce qui est raisonnable et qu'est-ce qui ne l'est pas? (*What is reasonable and what is not?*) *Write **Oui** or **Non**.*

1. _____ Un homme se rase quelquefois la barbe.

2. _____ Les femmes se maquillent les mains.

3. _____ Les hommes et les femmes se lavent souvent les mains.

4. _____ Nous nous peignons toujours les oreilles.

5. _____ Nous nous promenons dans la forêt toute la nuit.

6. _____ Quand ils ont deux mois, les enfants se lèvent déjà la nuit.

7. _____ Je me bronze au soleil sur une plage de Martinique.

8. _____ Tu te brosses les dents après le dîner.

9. _____ Ma copine se regarde dans le mur de la salle de bains.

10. _____ Les fiancés se marient à l'église aujourd'hui.

Comment je me sens? (*How do I feel?*)

badly	**mal**	really well (good)	**super bien**
energetic	**énergique**	sad	**triste**
fit, energetic	**en forme**	so-so	**comme ci comme ça**
not bad	**pas mal**	tired	**fatigué(e)**
pretty well	**assez bien**	well (good)	**bien**

EXERCICE
42·5

Traduisez!

1. I feel so-so this morning.

   _____

2. Do you (*fam.*) feel very tired?

   _____

3. He feels really well/good.

   _____

4. We feel energetic.

   _____

5. You (*pl.*) feel sad.

   _____

6. They (*f.*) feel good.

   _____

Reflexive -**er** verbs
Toiletries

Conjugation of reflexive -**er** verbs

se laver *to wash oneself*

je	me lave	nous	nous lavons
tu	te aves	vous	vous lavez
il	se lave	ils	se lavent
elle	se lave	elles	se lavent
on	se lave		

VOCABULAIRE

Les articles de toilette (*Toiletries*)

brush	**la brosse**	mirror	**le miroir**
comb	**le peigne**	razor	**le rasoir**
conditioner	**l'adoucissant** (*m.*)	shampoo	**le shampooing**
dental floss	**le fil dentaire**	soap	**le savon**
lipstick	**le rouge à lèvres**	toothbrush	**la brosse à dents**
make-up	**le maquillage**	toothpaste	**le dentifrice**
mascara	**le mascara**	towel	**la serviette**

EXERCICE
43·1

Vrai ou faux?

1. _____ Je me sèche avec le rouge à lèvres.

2. _____ Elle se lave avec du savon.

3. _____ Nous nous brossons les cheveux avec la brosse à dents.

4. _____ Je me rase les jambes avec le rasoir.

5. _____ Ils se lavent les mains avec l'adoucissant.

6. _____ Vous vous maquillez les yeux avec du mascara.

7. _____ Tu te brosses les dents avec le dentifrice et la brosse.

8. _____ On se sèche les cheveux avec la serviette.

Écrivez des phrases!

1. This mascara is black.

_____

2. Anne and John do not like my conditioner.

_____

3. My brother's toothbrush is here.

_____

4. The dental floss is in the bathroom.

_____

5. Where are the comb and the brush?

_____

6. Michel has a new razor.

_____

Que fait-on avec ces choses? (*What do we do with these things?*) *Write a complete sentence stating what each person does with this item.*

1. Jean-Paul a une brosse à dents.

_____

2. Marie a un peigne.

_____

3. Ma mère a du rimmel (*mascara*).

_____

4. Mon frère a la serviette.

_____

5. J'ai le savon.

_____

6. Tu as le shampooing.

_____

7. Papa a le rasoir.

_____

8. Maman a un nouveau tailleur.

_____

Faits divers (*Fun facts*)

Comment utiliser le mot *toilette* (*How to use the word* **toilette**)

Le matin, quand nous faisons notre *toilette* devant la *toilette*, nous nous parfumons avec de l'eau de *toilette*. Ensuite nous mettons une belle *toilette* pour sortir. (*In the morning when we groom ourselves in front of the dresser, we put perfume on. Then we put on a beautiful outfit to go out.*)

Venir
Se souvenir
The object pronoun **en**

Conjugation of **venir**

venir *to come*

je	viens	nous	venons
tu	viens	vous	venez
il	vient	ils	viennent
elle	vient	elles	viennent
on	vient		

EXERCICE
44·1

Vrai ou faux?

1. _____ Un New-Yorkais vient de New York.

2. _____ Une Californienne vient d'Amérique latine.

3. _____ L'acteur Gérard Depardieu vient de France.

4. _____ La quiche lorraine vient d'une région nommée Lorraine.

5. _____ Le cricket est un sport qui vient d'Angleterre.

6. _____ Les premiers jeux Olympiques viennent de France.

7. _____ Le mot *señor* vient de l'espagnol.

8. _____ Les mots *camouflage* et *luge* viennent de l'allemand.

EXERCICE
44·2

Écrivez des phrases!

1. My friend Pierre comes from France.

_____

2. You (*fam.*) sometimes come late.

_____

3. He comes to school every day.

_____

4. We come from the United States.

_____

5. You (*pl.*) do not come from England.

_____

6. The girls arrive (= come) together.

_____

Conjugation of **se souvenir**

se souvenir *to remember*

je	me souviens	nous	nous souvenons
tu	te souviens	vous	vous souvenez
il	se souvient	ils	se souviennent
elle	se souvient	elles	se souviennent
on	se souvient		

EXERCICE 44·3

De quoi est-ce qu'ils se souviennent? (*What do they remember?*) *Find the logical ending for each sentence.*

1. _____ Moi, je me souviens...

2. _____ Les Québécois se souviennent...

3. _____ Mes grands-parents se souviennent...

4. _____ Les jeunes étudiants se souviennent...

5. _____ Elle se souvient bien...

6. _____ Vous vous souvenez...

a. de son film préféré

b. des examens difficiles.

c. de vos activités de l'été dernier.

d. de leurs origines européennes.

e. de mes vacances avec toi à Tahiti.

f. de leur jeunesse.

Indirect object pronoun **en**

en = de France:
Tu viens de France? —Oui, j'**en** viens.

Do you come from France? —Yes, I do come from there).

en = d'amis:
Tu as beaucoup d'amis? —Oui, j'**en** ai beaucoup.

Do you have many friends? —Yes, I do (have many of them).

en = du fromage, de la glace, de l'eau:

Tu veux du fromage, de la glace, de l'eau? —Oui, j'**en** veux.

Do you want cheese, ice cream, water? — Yes, I do (want some of it).

en = de sortir:

Tu as envie de sortir? —Oui, j'en ai envie.

Do you feel like going out? —Yes, I do (feel like doing it).

EXERCICE 44·4

Quelle est la bonne réponse? (*What is the right answer?*)

1. _____ Vous venez des États-Unis, Madame?

2. _____ Il arrive de l'école à trois heures?

3. _____ Vous avez envie d'aller au cinéma?

4. _____ Est-ce que les enfants ont envie de manger?

5. _____ Cherchez-vous des pommes?

6. _____ Est-ce qu'elle voudrait de la limonade?

a. Oui, j'en cherche. J'adore les fruits.

b. Oui, elle en veut. Elle a soif.

c. Je crois qu'ils en ont envie. Il est midi.

d. Oui, j'en viens.

e. Nous en avons très envie. Il y a un bon film?

f. Non, il en retourne à quatre heures.

EXERCICE 44·5

Répondez à la question. *Answer each question using the pronoun **en** and expressing* Yes, I do.

1. Tu veux du soda? —Oui, j'_____

2. Tu as envie de jouer au tennis? —Oui, j' _____

3. Tu te souviens de ce film? —Oui, je _____

4. Tu as beaucoup de bonnes notes? —Oui, j'_____

5. Tu arrives d'Afrique? —Oui, j'_____

6. Tu viens du Luxembourg? —Oui, j'_____

Écrivez des questions et des réponses. (*Write questions and answers.*) *Use* **est-ce que** *for each question.*

1. Does he want some water? —Yes, he does.

_____

2. Does she come from Canada? —Yes, she does.

_____

3. Does he feel like singing? —Yes, he does.

_____

4. Does she want some bananas? —Yes, she does.

_____

5. Do you (*fam.*) remember this book? —Yes, I do.

_____

6. Do you (*pl.*) remember your grades? —Yes, we do.

_____

Faits divers (*Fun facts*)

Les fromages français (*French cheeses*)

En France, le fromage se mange au déjeuner et au dîner avec du pain et souvent avec du vin. Il existe des centaines de variétés de fromage. Généralement ils sont faits avec du lait de vache mais quelquefois ils sont faits avec du lait de brebis ou de chèvre. Quelques exemples de fromage bien connus sont le gruyère, le camembert, le roblochon et le roquefort. Le camembert vient de la province de Normandie, le roblochon vient de Savoie. Le roquefort vient d'une petite ville qui s'appelle Roquefort-sur-Soulzon. Notez que le gruyère vient de Suisse.

Offrir
·45· Personal object pronouns: me, te, nous, vous, lui, leur

Conjugation of **offrir**

offrir *to give, to offer*

j'	offre	nous	offrons
tu	offres	vous	offrez
il	offre	ils	offrent
elle	offre	elles	offrent
on	offre		

EXERCICE
45·1

Est-ce raisonnable ou non? *Write **Oui** or **Non**.*

1. _____ J'offre du parfum à ma copine.

2. _____ Mes parents offrent une bouteille de vin à leurs amis.

3. _____ Vous offrez une voiture à votre professeur.

4. _____ Le pâtissier offre un petit gâteau à mon petit frère.

5. _____ Tu offres un vélo à ton épicier.

6. _____ Maman offre une cravate à papa.

7. _____ Le pilote offre un billet d'avion à un passager.

8. _____ Nous offrons mille dollars à notre banque.

EXERCICE
45·2

Écrivez des phrases!

1. He offers (some) flowers to his mother.

_____

2. I offer a necklace to my sister.

_____

3. We offer a dog to our brother.

_____

4. Your (*fam.*) parents offer a new bicycle to your sister.

_____

5. You (*pl.*) offer us tickets for the movies.

_____

Personal object pronouns

DIRECT OR INDIRECT OBJECTS				INDIRECT OBJECTS	
me	*me / to me*	nous	*us / to us*	lui	*to him / to her*
te	*you / to you*	vous	*you / to you*	leur	*to them*

EXERCICE
45·3

Direct ou indirect? *For each English sentence below, identify the direct and indirect objects, and write them in the appropriate column. The objects can be either nouns or pronouns.*

	DIRECT OBJECT	INDIRECT OBJECT
1. I give the paper to him.	_____	_____
2. You give me a good grade.	_____	_____
3. They offer her a bracelet.	_____	_____
4. We send you an e-mail.	_____	_____
5. He offers me a gift for my birthday.	_____	_____
6. You ask us many questions.	_____	_____
7. You speak to him.	_____	_____
8. He gives them five dollars.	_____	_____

Traduisez!

1. She gives me a ring.

_____

2. You (*pl.*) offer him this gift.

_____

3. They speak to us.

_____

4. We offer you (*fam.*) this card.

_____

5. He offers her a bouquet.

_____

6. I ask them many questions.

_____

Leçons 41–45

Vrai ou faux?

1. _____ Quand on est malade et fatigué, on se sent bien.

2. _____ Quand on se lève le matin, on se lave et on se brosse les dents.

3. _____ Après une longue journée de travail, on a envie de se coucher et de dormir.

4. _____ Un vieux chou-fleur sent très bon.

5. _____ Le week-end, les jeunes sortent de temps en temps au cinéma.

6. _____ Les hommes se maquillent tous les jours quand ils sortent.

7. _____ Beaucoup de gens partent en vacances en été.

8. _____ Les touristes achètent des choses pour se souvenir de leurs voyages.

9. _____ Quand on vient dîner au restaurant ensemble, on en part ensemble.

10. _____ On se sèche les mains avec le savon.

Trouvez la réponse à chaque question.

1. _____ Nous sommes étudiants.

2. _____ Quel est ce parfum?

3. _____ Comment s'appelle la nouvelle élève?

4. _____ Elle est française?

a. Oui, j'ai un examen ce matin.

b. Son copain attend devant la maison.

c. Oui, généralement huit heures.

d. Pas mal, merci.

5. _____ Tu pars déjà à l'école?

6. _____ Tu dors beaucoup la nuit?

7. _____ Comment est-ce que tu te sens aujourd'hui?

8. _____ Pourquoi est-ce que Marie se dépêche?

e. Nous venons de l'université.

f. Je pense que c'est Claire.

g. C'est un Dior. Il sent vraiment bon.

h. Non, elle est suisse.

EXERCICE
R9·3

Complétez avec le pronom réfléchi ou complément d'objet approprié. *Complete the following paragraph with the appropriate reflexive or object pronouns.*

Le matin, je 1. _____ réveille, je 2. _____ lave et je 3. _____ habille. Tu 4. _____ dépêches quand tu es en retard et tu 5. _____ fâches quand je reste trop longtemps dans la salle de bains. Maman 6. _____ appelle toutes les deux quand c'est l'heure de partir. Nous 7. _____ brossons les dents et les cheveux et nous sortons prendre le bus. Papa et maman 8. _____ disent au revoir et vont au travail. Le soir nous 9. _____ couchons et nous 10. _____ endormons vers onze heures.

EXERCICE
R9·4

Répondez oui à chaque question. *Answer the question affirmatively, and replace the noun-phrase in italics with a pronoun.*

EXEMPLE: Tu achètes un cadeau *à ton copain*?   *Oui, je lui achète un petit cadeau.*

1. Tu donnes une carte *à ta copine*?

_____

2. Tu parles souvent *à tes cousins*?

_____

3. Tes professeurs parlent *à ton père*?

_____

4. Ton boulanger offre des gâteaux *à ses clients*?

_____

5. Ta sœur arrive *de Paris*?

_____

6. Tu te souviens *de cette conjugaison*?

_____

Répondez affirmativement à chaque question. *Be sure to use the appropriate pronoun in your answer.*

EXEMPLE: Elle *te* donne une rose?   *Oui, elle me donne une rose.*

1. Tu *me* fais la bise, chéri?

_____

2. Tu *nous* montres ton nouveau pull?

_____

3. Tu *nous* offres un café?

_____

4. Tes parents *te* téléphonent souvent?

_____

Grammar

Vocabulary

Fun facts

The family of prendre
Languages
Stress pronouns
Prepositional phrases

Conjugation of **prendre**, **apprendre**, and **comprendre**

prendre *to take, to have*

je	prends	nous	prenons
tu	prends	vous	prenez
il	prend	ils	prennent
elle	prend	elles	prennent
on	prend		

NOTEZ   The verbs **apprendre** (*to learn*) and **comprendre** (*to understand*) are conjugated according to the same model as the verb **prendre** (*to take/have*).

EXERCICE

46·1

Est-ce probable ou non? (*Is this probable or not?*) *Write* **Oui** *or* **Non**.

1. _____ Tu prends un croissant au dîner.

2. _____ On prend son livre quand on va au lycée.

3. _____ Les élèves prennent de la bière au petit déjeuner.

4. _____ Les parents apprennent à lire.

5. _____ Les professeurs prennent l'argent des élèves.

6. _____ Nous prenons un kilo de jambon à la charcuterie.

EXERCICE

46·2

Traduisez!

1. I take the bus. _____

2. You (*fam.*) take the dictionary. _____

3. He takes the train. _____

4. We take the plane. _____

5. You (all) take your coats. _____

6. They (f.) take their books. _____

VOCABULAIRE

Les langues (*Languages*)

Chinese	**le chinois**	Italian	**l'italien** (*m.*)
English	**l'anglais** (*m.*)	Japanese	**le japonais**
French	**le français**	Spanish	**l'espagnol** (*m.*)
German	**l'allemand** (*m.*)	Wolof	**le wolof**

EXERCICE 46·3

Vrai ou faux?

1. _____ Je veux habiter en Allemagne. Alors, je dois apprendre l'allemand.

2. _____ Pour communiquer avec les Anglais, il faut apprendre le français.

3. _____ Il faut prendre le vélo pour faire une croisière sur la Seine.

4. _____ Nous prenons l'avion pour aller au Mexique.

5. _____ Nous comprenons tous le wolof.

6. _____ Les Suisses comprennent généralement trois ou quatre langues.

7. _____ Les touristes prennent beaucoup de photos.

8. _____ Si tu habites à Paris, tu prends souvent le métro.

Stress pronouns

STRESS PRONOUN	SUBJECT PRONOUN	STRESS PRONOUN	SUBJECT PRONOUN
moi	je	**nous**	nous
toi	tu	**vous**	vous
lui	il	**eux**	ils
elle	elle	**elles**	elles

Complétez chaque phrase avec le pronom approprié. (*Add the appropriate pronouns to each sentence.*)

1. _____, il joue toujours au golf. _____, je préfère le tennis.

2. _____, nous partons tout de suite. _____, vous restez encore un peu.

3. _____, ils lisent les journaux tous les jours. Mais _____, nous regardons Internet.

4. _____, je voudrais aller à la plage. Mais _____, tu veux rester à la maison.

5. _____, tu adores les films d'aventure. _____, j'aime les comédies.

6. _____, elles prennent des médicaments. _____, ils n'en ont pas besoin.

7. _____, nous comprenons l'anglais. _____, vous comprenez le chinois.

8. _____, j'apprends le français. _____, tu apprends l'allemand.

VOCABULAIRE

Prepositional phrases

across from	**en face de**	next to	**à côté de**
far from	**loin de**	to the left of	**à gauche de**
near	**près de**	to the right of	**à droite de**

Raisonnable ou absurde? *Write* **R** *on the line when the statement is reasonable and* **A** *when it is absurd.*

1. _____ Dans une voiture française ou américaine, le passager est à gauche du conducteur.

2. _____ Mes livres sont sur l'étagère loin de moi.

3. _____ Il y a une lampe près de moi.

4. _____ Il y a des tigres en face de moi au café.

5. _____ J'ai un passager à côté de moi dans ma voiture.

6. _____ La tour Eiffel est à droite de l'Empire State Building.

Near future
Expressions of future time
The pronoun y
Prepositions

Near future of **se laver** and **dormir**

SE LAVER	TO WASH ONESELF	DORMIR	TO SLEEP
je vais	me laver	je vais	dormir
tu vas	te laver	tu vas	dormir
il va	se laver	il va	dormir
elle va	se laver	elle va	dormir
on va	se laver	on va	dormir
nous allons	nous laver	nous allons	dormir
vous allez	vous laver	vous allez	dormir
ils vont	se laver	ils vont	dormir
elles vont	se laver	elles vont	dormir

EXERCICE
47·1

Écrivez des phrases!

1. I am going to sing a French song.

_____

2. You (*fam.*) are going to give me your address.

_____

3. She is going to sell her bike.

_____

4. We are going to offer a gift to the teacher.

_____

5. You (*pl.*) are going to finish this book today.

_____

6. They are going to feel good.

_____

Expressions pour le futur (*Expressions for future time*)

in two days	**dans deux jours**	next week	**la semaine prochaine**
later	**plus tard**	next year	**l'année prochaine**
next month	**le mois prochain**	soon	**bientôt**
next summer	**l'été prochain**	tomorrow	**demain**

EXERCICE 47·2

Trouvez la fin de la phrase. (*Find the end of the sentence.*)

1. _____ J'ai faim. Je vais manger...

2. _____ Elle prend l'avion ce soir. Elle va rentrer de Paris...

3. _____ Nous allons passer le mois d'août en Martinique...

4. _____ Vous allez continuer en français...

5. _____ C'est dimanche. On va se voir en classe...

6. _____ C'est lundi. Tu arrives mercredi. Je vais te voir...

a. l'été prochain.

b. l'année prochaine.

c. bientôt.

d. dans onze heures, approximativement.

e. dans deux jours.

f. demain.

The pronoun y

y = **à** + *thing* as in: Tu réponds à la question?—Oui, j'y réponds.

Do you answer the question? —Yes, I do (answer it).

y = *prepositional phrase* indicating a location as in: En France? J'y suis.

In France? I am there.

Les prépositions

at/in	**à**	on	**sur**
in/inside	**dans**	under	**sous**
in/to (*masculine country*)	**au**	behind	**derrière**
in/to (*feminine country*)	**en**	in front of	**devant**

NOTEZ Translate *in/to the United States* as **aux États-Unis.**

EXERCICE 47·3

Trouvez la réponse à chaque question. (Find the answer to each question.)

1. _____ Elle va étudier aux États-Unis?

2. _____ Tu vas au supermarché aujourd'hui?

3. _____ Vous êtes à la maison?

4. _____ Ils nous attendent devant l'école?

5. _____ La voiture de Jean-Marc est derrière le café?

6. _____ Tes clés ne sont pas sous ce livre?

a. Oui, elle y est. Je la vois.

b. Si, regarde, elles y sont.

c. Oui, nous y sommes depuis six heures.

d. Non, j'y vais demain.

e. Oui, elle y va en septembre.

f. Oui, ils y sont déjà.

EXERCICE 47·4

Répondez à chaque question. *Answer each question, replacing the italicized part of the question with the pronoun* **y**.

1. Tu vas à l'école? —Oui, j' _____

2. Papa est déjà au lit? —Oui, il _____

3. L'élève répond à la question du prof? —Non, il _____

4. Les chats sont sous la table? —Oui, ils _____

5. Vous restez dans votre chambre? —Non, nous _____

6. Marie est devant Jacques? —Oui, elle _____

Faits divers (Fun facts)

Des endroits célèbres (Famous places)

- L'histoire du *Fantôme de l'opéra* a lieu sous le bâtiment de l'opéra de Paris.
- L'histoire de Quasimodo et d'Esméralda a lieu autour de la cathédrale et dans la cathédrale de Notre-Dame de Paris.

Near past
Expressions of past time

Near past of **se lever** and **vendre**

SE LEVER	TO GET UP	VENDRE	TO SELL
je viens de	me lever	je viens de	de vendre
tu viens de	te lever	tu viens de	de vendre
il vient de	se lever	il vient de	de vendre
elle vient de	se lever	elle vient de	de vendre
on vient de	se lever	on vient de	de vendre
nous venons de	nous lever	nous venons de	de vendre
vous venez de	vous lever	vous venez de	de vendre
ils viennent de	se lever	ils viennent de	de vendre
elles viennent de	se lever	elles viennent de	de vendre

NOTEZ   A verb in the *near past* is translated as something one *just* did.

EXERCICE
48·1

Traduisez!

1. I just spoke French.

_____

2. You just read the paper.

_____

3. She just dressed (herself).

_____

4. We just watched a movie.

_____

5. You (*pl.*) just took the train.

_____

6. They just learned a new word (**mot** *m.*).

_____

Expressions pour le passé (*Expressions for past time*)

an hour ago	**il y a une heure**	last night	**hier soir**
a week ago	**il y a une semaine**	yesterday	**hier**
a year ago	**il y a un an**		

EXERCICE
48·2

Écrivez des phrases!

1. My mother just arrived home an hour ago.

_____

2. I just started this exercise a minute ago.

_____

3. We just bought this house a year ago.

_____

4. My grandparents just left yesterday.

_____

5. You (*fam.*) just saw me last night.

_____

6. Our friends just telephoned a week ago.

_____

7. Sophia just got up fifteen minutes ago.

_____

8. We just washed ourselves.

_____

Vrai ou faux?

1. _____ Les extraterrestres viennent d'arriver.

2. _____ Nous venons d'écrire une phrase en chinois.

3. _____ On vient d'annoncer l'arrivée de l'avion.

4. _____ Le mécanicien vient de réparer un moteur.

5. _____ Le journaliste vient d'interviewer une célébrité.

6. _____ Le kangourou vient de se peigner.

7. _____ L'élève vient de finir beaucoup de devoirs.

8. _____ Tu viens d'apprendre le mot *bonjour* en japonais.

·49· Passé composé with avoir

Conjugation of regular verbs in the passé composé with avoir

ACHETER	TO BUY	FINIR	TO FINISH	VENDRE	TO SELL
j'ai	acheté	j'ai	fini	j'ai	vendu
tu as	acheté	tu as	fini	tu as	vendu
il a	acheté	il a	fini	il a	vendu
elle a	acheté	elle a	fini	elle a	vendu
on a	acheté	on a	fini	on a	vendu
nous avons	acheté	nous avons	fini	nous avons	vendu
vous avez	acheté	vous avez	fini	vous avez	vendu
ils ont	acheté	ils ont	fini	ils ont	vendu
elles ont	acheté	elles ont	fini	elles ont	vendu

EXERCICE
49·1

Traduisez!

1. I have spoken. _____

2. You have finished. _____

3. He has answered. _____

4. She has danced. _____

5. We have chosen. _____

6. You (*pl.*) have lost. _____

7. They (*m.*) have preferred. _____

8. They (*f.*) have looked. _____

Qu'est-ce qui complète chaque phrase? (*What completes each sentence?*) *Choose the logical completion for each sentence.*

1. _____ Hier j'_____ à un touriste français.   a.   a passé

2. _____ Ce matin, ma classe _____ un examen   b.   ont fini

3. _____ Tous mes amis _____ leurs études.   c.   ai parlé

4. _____ Vous _____ correctement. C'est bien!   d.   a choisi

5. _____ Jean-Luc _____ sa voiture.   e.   as défendu

6. _____ Toi, tu _____ ton point de vue.   f.   avez répondu

Irregular past participles of verbs using avoir

apprendre	**appris**	être	**été**
avoir	**eu**	lire	**lu**
comprendre	**compris**	pouvoir	**pu**
dire	**dit**	prendre	**pris**
écrire	**écrit**	vouloir	**voulu**

Vrai ou faux?

1. _____ Bambi a compris que la forêt est dangereuse.

2. _____ L'éléphant Babar a écrit des livres.

3. _____ Pinocchio a eu la visite de Jiminy Cricket et de la fée bleue.

4. _____ La princesse Diana n'a pas eu de chance.

5. _____ Le Petit Chaperon Rouge n'a pas voulu rendre visite à sa grand-mère.

6. _____ Dennis the Menace a toujours été sage.

7. _____ Charles Schulz a créé la bande dessinée *Charlie Brown*.

8. _____ Spiderman a voulu détruire (*destroy*) le monde.

Passé composé with être
Vacation locales

Conjugation of verbs in the passé composé with être

ALLER	TO GO	VENIR	TO COME	NAÎTRE	TO BE BORN
je suis	allé(e)	je suis	venu(e)	je suis	né(e)
tu es	allé(e)	tu es	venu(e)	tu es	né(e)
il est	allé	il est	venu	il est	né
elle est	allée	elle est	venue	elle est	née
nous sommes	allé(s/es)	nous sommes	venus (s/es)	nous sommes	nés (es)
vous êtes	allé(e/s/es)	vous êtes	venu(e/s/es)	vous êtes	né(e/s/es)
ils sont	allés	ils sont	venus	ils sont	nés
elles sont	allées	elles sont	venues	elles sont	nées

NOTEZ   Intransitive verbs of motion such as *to come* (**venir**) and *to go* (**aller**), as well as to *stay/remain* (**rester**), *to become* (**devenir**), *to be born* (**naître**), and *to die* (**mourir**) use the auxiliary verb **être** in the **passé composé**.

EXERCICE
50·1

Read the following short passage, then categorize the verbs in italics as **être** *or* **avoir** *verbs by writing* **a** *or* **ê** *on the appropriate lines below.*

Hier soir, Martin 1. *est allé* à un concert de rock avec ses copains Christophe et Didier. Pierre 2. *est arrivé* à la salle des spectacles vers 16 heures. Il 3. *a acheté* trois tickets. Christophe et Didier 4. *sont arrivés* à 17 heures. Ils 5. *ont attendu* qu'on les laisse entrer. Ils 6. *ont trouvé* de très bonnes places au troisième rang juste devant la scène. Quelle chance! Pendant le concert, un chanteur excité 7. *est tombé* de la scène! Une ambulance 8. *est venue*. Mais les autres chanteurs 9. *ont continué* de chanter. Après un concert formidable, ils 10. *sont rentrés* chez eux en métro.

(A) AVOIR VERBS   **(Ê) ÊTRE** VERBS

1. _____   _____

2. _____   _____

3. _____   _____

4. _____   _____

(A) **AVOIR** VERBS	(È) **ÊTRE** VERBS
5. _____	_____
6. _____	_____
7. _____	_____
8. _____	_____
9. _____	_____
10. _____	_____

EXERCICE
50·2

Traduisez!

1. I (*m. or f.?*) went to the concert. (**aller**)

_____

2. You (*fam., m.*) arrived. (**arriver**)

_____

3. She returned home. (**rentrer**)

_____

4. We (*boys and girls*) left. (**partir**)

_____

5. You (*pl., f.*) stayed. (**rester**)

_____

6. They (*m.*) came. (**venir**)

_____

VOCABULAIRE

Des endroits de vacances (*Vacation locales*)

beach	**la plage**	countryside	**la campagne**
campground	**le terrain de camping**	mountain	**la montagne**
city	**la ville**	sea	**la mer**

Complétez les phrases avec la terminaison appropriée.

1. _____ Pour nager, ils sont allés...   a.   à la campagne.

2. _____ Pour nous bronzer au soleil, nous sommes allés...   b.   à la montagne.

3. _____ Pour visiter les musées, ils sont allés...   c.   à la mer.

4. _____ Pour faire du ski, nous sommes allés...   d.   à la plage.

5. _____ Pour dormir dans une tente, sous les étoiles, ils sont allés...   e.   en ville.

6. _____ Pour nous promener et voir des animaux, nous sommes allés...   f.   au terrain de camping.

Conjugation of reflexive verbs in the passé composé with être

SE LAVER	TO WASH ONESELF	S'ENDORMIR	TO FALL ASLEEP
je me suis	lavé(e)	je me suis	endormi(e)
tu t'es	lavé(e)	tu t'es	endormi(e)
il s'est	lavé	il s'est	endormi
elle s'est	lavée	elle s'est	endormie
nous nous sommes	lavés (es)	nous nous sommes	endormis (es)
vous vous êtes	lavé(s/e/es)	vous vous êtes	endormi(e/s/es)
ils se sont	lavés	ils se sont	endormis
elles se sont	lavées	elles se sont	endormies

NOTEZ   Remember *not* to add **-e/-s/-es** to the past participle of a reflexive verb followed by a *direct object* as in **Elle s'est *lavé* les cheveux** (where **se/s'** is the *indirect object* and **les cheveux** is the *direct object*).

Qu'est-ce qu'ils ont fait avant de partir à l'école? (*What did they do before leaving for school?*)   *Use **ils** for the subject in each sentence.*

1. (se réveiller) _____ à sept heures.

2. (se lever) _____ tout de suite.

3. (se laver) _____ la figure et les mains.

4. (s'habiller) _____ très vite.

5. (se fâcher) _____ parce que le bus était en retard.

6. (se dépêcher) _____ d'aller à l'école.

EXERCICE 50·5

Traduisez!

1. I woke up at six o'clock. _____

2. You (*fam., m.*) got up. _____

3. We (*f.*) took a walk. _____

4. You (*pl., m.*) got angry. _____

5. They (*f.*) applied make-up. _____

Faits divers (*Fun facts*)

L'histoire de Blanche-Neige (*The story of Snow White*)

Blanche-Neige s'est perdue dans la grande forêt. Mais elle a rencontré sept petits nains qui l'ont invitée chez eux. Ils sont devenus très bons amis. Mais un jour une méchante sorcière—la belle-mère de Blanche-Neige—est venue et elle a donné une pomme empoisonnée à Blanche-Neige. La pauvre jeune fille est tombée raide morte. Elle est restée ainsi pendant quelque temps. Heureusement, un jour, un beau prince est arrivé. Il lui a donné un baiser et elle s'est réveillée. Le prince et Blanche-Neige sont tombés amoureux; ils se sont mariés et ils ont été très heureux.

Leçons 46–50

EXERCICE R10·1

Stress each subject pronoun, and conjugate the verb in parentheses in the present tense.

1. _____, j' _____ l'italien en ce moment. (apprendre)

2. _____, tu _____ bien l'anglais. (comprendre)

3. _____, elle _____ le petit déjeuner ici. (prendre)

4. _____, j' _____ à skier en hiver. (apprendre)

5. _____, nous _____ le bus tous les jours. (prendre)

6. _____, vous _____ facilement les langues. (apprendre)

7. _____, ils _____ tout. (comprendre)

8. _____, elles _____ le vélo pour aller à l'école. (prendre)

EXERCICE R10·2

Vrai ou faux?

1. _____ Il y a trois McDonald en face de la Maison Blanche.

2. _____ La France est loin de la Chine.

3. _____ Il y a souvent un château au centre d'une ville américaine.

4. _____ Il y a un lion à côté de toi!

5. _____ On peut quelquefois tourner à droite au feu rouge (*red light*).

6. _____ Les passagers de l'autobus sont assis sous les sièges.

7. _____ Les campeurs dorment sur les tentes.

8. _____ Tu dois regarder devant toi quand tu conduis.

EXERCICE R10·3

Est-ce le passé ou le futur? (*Is it the past or the future?*)

	(P) PASSÉ	(F) FUTUR
1. Je viens d'avoir seize ans.	_____	_____
2. Tu vas faire tes devoirs ce soir.	_____	_____
3. Elle va choisir une profession bientôt.	_____	_____
4. Nous venons d'arriver il y a deux minutes.	_____	_____
5. Vous venez d'écrire cette lettre.	_____	_____
6. Ils vont apprendre à jouer du piano.	_____	_____

EXERCICE R10·4

Passé composé avec *avoir* ou avec *être*? (*Past tense with **avoir** or with **être**?*) *Select the correct verb form and fill in the blanks.*

1. Ginette _____ allée à la montagne.   (a/est)

2. Les enfants _____ mangé toute la tarte.   (ont/sont)

3. Josiane, tu _____ revenue du musée.   (as/es)

4. Nous _____ dansé pendant deux heures.   (avons/sommes)

5. Je/J' _____ offert une montre à papa.   (ai/suis)

6. Vous _____ retournés à la mer cette année?   (avez/êtes)

7. Tous mes copains _____ venus à ma fête d'anniversaire.   (ont/sont)

L'ordre chronologique. *Put Marc's actions in logical chronological order from the time he woke up until he fell asleep. Use the letters **A** through **H**.*

1. _____ Il s'est couché.

2. _____ Il s'est dépêché d'aller à l'école.

3. _____ Il s'est endormi.

4. _____ Il est arrivé en classe.

5. _____ Il s'est réveillé.

6. _____ Il s'est habillé.

7. _____ Il est rentré à la maison.

8. _____ Il s'est levé.

Answer key

I

1·1
1. le père   2. la mère   3. les parents   4. les pères   5. les mères   6. le garçon
7. la fille   8. les garçons   9. les filles   10. le fils   11. les filles   12. les frères
13. la grand-mère   14. les cousines   15. le petit-fils   16. la petite-fille
17. la nièce   18. le neveu   19. le beau-père   20. la belle-mère

1·2
1. c   2. d   3. f   4. e   5. a   6. g   7. f   8. b

1·3
1. Mon oncle Georges est le frère de ma mère.
2. Ta fille est ma cousine.
3. Mon grand-père est ton oncle.
4. Ma grand-mère est de France.
5. Ton frère est mon cousin.
6. Tes parents sont mes grands-parents.
7. Ta sœur est ma belle-mère.
8. Mon père est ton neveu.
9. Tes sœurs sont mes tantes.
10. Lili est la nièce de mon grand-père Julius.

2·1
1. une chambre à coucher   2. une maison   3. une cour   4. un jardin
5. une salle de bains   6. un W.C. / des toilettes   7. une douche   8. une entrée
9. un grenier   10. une cave   11. une cuisine   12. un salon   13. des chambres
à coucher   14. des placards   15. un couloir   16. un bureau   17. des fenêtres
18. des portes   19. un garage   20. des escaliers

2·2
1. c   2. f   3. h   4. b   5. e   6. g   7. a   8. d

2·3
1. Ma chambre a deux placards.
2. Votre cuisine a une fenêtre.
3. Ma maison n'a pas de grenier.
4. Le W.C. n'a pas de douche.
5. Ta cave a deux portes.
6. La maison a trois portes.
7. Ta maison a quatre escaliers.
8. Mon salon a un sofa.
9. Mon entrée a un chandelier.
10. Votre maison a cinq chambres à coucher.

3·1
1. J'ai un cheval.   2. Je n'ai pas d'éléphant.   3. J'ai deux canards.   4. Je n'ai pas de
serpent.   5. Je n'ai pas cinq chats.   6. Je veux un chien.   7. Je ne veux pas de souris.
8. Je veux des chats.   9. Je ne veux pas de cochon.   10. Je veux des poules.
11. Je n'ai pas de singes.   12. J'ai des lapins.

3·2
1. F   2. M   3. Z   4. F   5. F   6. M/Z/F   7. Z   8. F   9. F   10. M

3·3
1. Je ne veux pas de rat dans ma maison.
2. Je veux un chien dans ma cour.
3. Je ne veux pas le chat dans ma chambre à coucher.
4. J'ai un coq et trois poules.
5. Je n'ai pas de cheval dans ma cave.
6. Mon oncle a trois cochons dans sa ferme.

7. Mon fils a un serpent.

8. Il n'a pas de singe dans son placard.

4·1 1. Il y a deux tableaux dans la salle de classe.
2. Il n'y a pas de projecteur.
3. Il y a trois dictionnaires sur le bureau.
4. Il y a un feutre sur votre bureau.
5. Il n'y a pas de papier dans le cahier.
6. Il n'y a pas de lumière.
7. Il n'y a pas d'élèves/d'étudiants.
8. Il y a un devoir.
9. Il y a un sac à dos sur ma chaise.
10. Il y a cinq leçons dans le livre.

4·2 1. B 2. C 3. B 4. - 5. - 6. B 7. B 8. C 9. B 10. -

4·3 1. Ma salle de classe a un ordinateur et un projecteur.
2. Il y a dix stylos dans mon bureau.
3. Il y a neuf élèves/étudiants dans la salle de classe.
4. Je veux huit cahiers pour mes élèves/étudiants.
5. Je veux un manuel pour chaque élève/étudiant.
6. J'ai dix cahiers et huit livres avec des cartes.
7. Mais je n'ai pas de feutres pour le tableau.
8. Et il n'y a pas de règle.

5·1 1. je parle, tu parles, il/elle parle, nous parlons, vous parlez, ils/elles parlent
2. je chante, tu chantes, il/elle chante, nous chantons, vous chantez, ils/elles chantent
3. j'étudie, tu étudies, il/elle étudie, nous étudions, vous étudiez, ils/elles étudient
4. je regarde, tu regardes, il/elle regarde, nous regardons, vous regardez, ils/elles regardent
5. je donne, tu donnes, il/elle donne, nous donnons, vous donnez, ils/elles donnent
6. je porte, tu portes, il/elle porte, nous portons, vous portez, ils/elles portent
7. je travaille, tu travailles, il/elle travaille, nous travaillons, vous travaillez, ils/elles travaillent
8. je mange, tu manges, il/elle mange, nous mangeons, vous mangez, ils/elles mangent
9. je joue, tu joues, il/elle joue, nous jouons, vous jouez, ils/elles jouent
10. je paie, tu paies, il/elle paie, nous payons, vous payez, ils/elles paient

5·2 1. F 2. F 3. F 4. V 5. F 6. V 7. V 8. V 9. F 10. F

5·3 1. Nous jouons au tennis mais vous jouez au foot(ball).
2. Nous mangeons à la maison ou au restaurant.
3. Nous parlons français à la maison.
4. Mes parents regardent la télévision dans le salon.
5. Ils travaillent dans le bureau.
6. J'étudie dans ma chambre.
7. Et j'écoute mes CD.
8. Mais je ne trouve pas mes cahiers.

5·4 1. samedi/dimanche 2. lundi 3. vendredi 4. samedi 5. lundi, mardi, mercredi, jeudi, vendredi

R1·1 1. les garçons 2. les filles 3. la grand-mère 4. un frère 5. des chiens 6. la maison
7. les chambres à coucher 8. la cuisine 9. le chat 10. un devoir 11. des portes 12. le bureau
13. des livres 14. un dictionnaire 15. une leçon

R1·2 1. h 2. i 3. g 4. a 5. c 6. b 7. f 8. d 9. e 10. j

R1·3 1. Il n'y a pas 2. Il y a 3. Il y a 4. Il n'y a pas 5. Il n'y a pas 6. Il y a 7. Il y a
8. Il n'y a pas 9. Il y a 10. Il y a

R1·4 1. le mari 2. la femme 3. le fils 4. la sœur 5. famille 6. enfants

R1·5 1. je danse, tu danses, il/elle danse, nous dansons, vous dansez, ils/elles dansent
2. je parle, tu parles, il/elle parle, nous parlons, vous parlez, ils/elles parlent
3. je trouve, tu trouves, il/elle trouve, nous trouvons, vous trouvez, ils/elles trouvent
4. je travaille, tu travailles, il/elle travaille, nous travaillons, vous travaillez, ils/elles travaillent
5. je chante, tu chantes, il/elle chante, nous chantons, vous chantez, ils/elles chantent

R1·6 1. Cinderella = Cendrillon 2. Little Red Riding Hood = Petit Chaperon Rouge 3. Gretel = souvent « Margot », en français

R1·7 1. S 2. É 3. S 4. É 5. É 6. S 7. É 8. S 9. S 10. É

R1·8
1. J'étudie pour l'école chaque jour.
2. J'ai un cours de français le lundi et le mercredi.
3. Mes parents paient mon papier, mes cahiers, mes stylos et mes crayons.
4. Les étudiants/élèves regardent Tintin le vendredi.
5. Il n'y a pas de carte dans la classe.
6. Mais il y a dix dictionnaires dans ma classe.
7. Dans ma famille, il y a une mère, un père, deux garçons et une fille.
8. Mon oncle a deux agneaux, trois cochons et quatre chevaux.

II

6·1
1. Je porte un pantalon et un pull.   2. Ma mère porte une robe.   3. Nous ne portons pas de chaussettes dans la douche.   4. Mon père ne porte pas de casquette au bureau.   5. Ma sœur porte sa jupe avec une ceinture.   6. Mon frère porte un chapeau et un manteau.

6·2
1. le manteau   2. la ceinture   3. la robe   4. la chaussure   5. le chemisier   6. le tee-shirt
7. le pyjama   8. le chapeau   9. le pantalon   10. la jupe   11. la chaussette   12. la chemise
13. le pull   14. les vêtements

6·3
1. J'étudie le français chaque jour.   2. Mon professeur porte toujours un chapeau.   3. Mais aujourd'hui, il porte une casquette.   4. Les étudiants ne parlent pas quand le professeur est impatient.   5. Nous parlons beaucoup quand le professeur est patient.   6. Nous ne regardons pas beaucoup de télévision quand nous avons un devoir.   7. Il y a moins de bruit quand il y a moins d'élèves/d'étudiants dans la classe.
8. Les filles portent des jupes quand elles dansent.   9. Ils chantent plus quand la musique est du pop.
10. Quelquefois mon père regarde quand je joue au foot(ball).

6·4
1. j'aime, tu aimes, il/elle aime, nous aimons, vous aimez, ils/elles aiment
2. je rêve, tu rêves, il/elle rêve, nous rêvons, vous rêvez, ils/elles rêvent
3. je nomme, tu nommes, il/elle nomme, nous nommons, vous nommez, ils/elles nomment
4. je reste, tu restes, il/elle reste, nous restons, vous restez, ils/elles restent
5. je crée, tu crées, il/elle crée, nous créons, vous créez, ils/elles créent
6. j'adore, tu adores, il/elle adore, nous adorons, vous adorez, ils/elles adorent

7·1
1. Je finis les pâtes.   2. Tu finis la pizza.   3. Nous finissons la salade.   4. Les enfants finissent la glace.
5. Elle finit la baguette.   6. Je choisis le vin.   7. Il choisit le sorbet.   8. Nous choisissons l'eau.
9. Les enfants choisissent le lait au chocolat.   10. Mes parents choisissent le café.

7·2
(*suggested answers*)   1. a/b/c   2. a   3. b/c   4. b/c   5. d   6. a   7. b/c   8. a/b/c/d   9. a/b/c
10. b/c

7·3
1. Je mange des céréales chaque matin.   2. Je choisis toujours le poulet quand je mange au restaurant.
3. Il y a beaucoup de pâtes dans mon assiette.   4. D'abord nous choisissons la viande, ensuite nous choisissons le vin.   5. Le soir, je mange toujours un peu de salade avec mon dîner.   6. Le matin, j'ai une tasse de café, un toast et deux œufs.   7. En France, je choisis des frites pour mon déjeuner et mon dîner.
8. Il y a quatre verres de vin sur la table.

8·1
1. Vous finissez.   2. Ils rougissent.   3. Nous maigrissons.   4. Elle brunit.   5. Je grossis.
6. Elle vieillit.   7. Il réussit.   8. Elles pourrissent.   9. Tu choisis.   10. Ils mûrissent.

8·2
1. F   2. F   3. V   4. V   5. F   6. F   7. V   8. F

8·3
1. Je choisis la pizza quand je suis au restaurant italien.
2. Quelquefois elle rougit parce qu'elle est timide.
3. Elle maigrit parce qu'elle vieillit.
4. Les fruits et les légumes pourrissent vite quand ils ne sont pas dans le réfrigérateur.
5. Les tomates mûrissent et rougissent vite au soleil.
6. Nous réussissons quand nous travaillons beaucoup.
7. Je finis chaque phrase.
8. Mon frère grossit quand il mange beaucoup.

8·4
1. V   2. F   3. F   4. V   5. F   6. V   7. F   8. F

9·1
1. la salade verte   2. l'œuf blanc   3. le riz brun   4. la glace rose   5. le riz jaune   6. le thé vert
7. le lait blanc   8. le jus rouge   9. le jus orange   10. une salade violette   11. le café noir
12. le thé gris

9·2
1. La tomate est rouge.   2. La glace au chocolat est brune.   3. La soupe au brocoli est verte.
4. Le chocolat est brun/noir.   5. Le maïs est jaune.   6. Le jus d'orange est orange.   7. Le céleri est vert.   8. La betterave est violette.   9. Le café est noir.   10. Le lait est blanc.

9·3   1. J'aime les frites et la salade verte.   2. Je n'aime pas du tout le café.   3. J'aime beaucoup les croissants le matin.   4. J'adore / J'aime la glace au chocolat.   5. Je n'aime pas du tout le gâteau.   6. Quelquefois j'aime le lait le soir.   7. J'aime un peu les légumes.   8. Je n'aime pas les céréales.   9. J'aime beaucoup une baguette le matin et le soir.   10. J'aime un peu d'eau avec mon vin.

10·1   1. les petites filles / the little girls   2. les dames minces / the slim ladies   3. les grands garçons / the big boys   4. des mères sérieuses / (some) serious mothers   5. des pères amusants / (some) amusing fathers   6. des chiens super / (some) super/fantastic dogs   7. des personnes sociables / (some) sociable people   8. les fleurs blanches / the white flowers   9. les livres bleus / the blue books   10. les feutres rouges / the red markers   11. les oncles riches / the rich uncles   12. des tantes sympa / (some) nice aunts   13. des professeurs passionnés / (some) passionate teachers   14. des frères âgés / (some) older brothers   15. des sœurs généreuses / (some) generous sisters   16. des filles sportives / (some) athletic girls   17. des gâteaux délicieux / (some) delicious cakes   18. des boissons délicieuses / (some) delicious drinks

10·2   1. F   2. V   3. V   4. V   5. F   6. F   7. F   8. V   9. V   10. F

10·3   1. Elle est active et son frère est sportif.   2. Ses fils sont beaux et ses filles sont belles.   3. La fille est petite mais son frère est grand.   4. Son chien est brun et énergique.   5. Ses fleurs sont grandes, blanches et belles.

10·4   1. V   2. F   3. F   4. V   5. V   6. V   7. F   8. V

R2·1   1. to finish   2. to speak   3. to watch   4. to choose   5. to study   6. to sing   7. to gain weight   8. to create   9. to present   10. to lose weight   11. to turn white   12. to dance   13. to wear / to carry   14. to turn yellow   15. to love / to adore   16. to sing   17. to age / to grow older   18. to turn red / to blush   19. to dream   20. to succeed

R2·2   1. le numéro 5   2. la maison   3. le cheval   4. l'assiette   5. beaucoup   6. le bureau   7. la porte   8. le pyjama   9. le manteau   10. une semaine

R2·3   1. M   2. M/R   3. M/É   4. M/É   5. É   6. M   7. R   8. R   9. R   10. É

R2·4   (answers will vary)

R2·5   1. Quand je travaille beaucoup, je réussis.   2. Mes professeurs sont très sérieux et très responsables.   3. Ma famille est amusante. Mes parents sont super!   4. Quelquefois quand je parle français, je rougis.   5. Les bananes jaunissent; puis, elles brunissent.   6. Nous dansons le dimanche.   7. J'aime / j'adore le riz jaune.   8. J'aime une salade verte avec mon poulet.

R2·6   1. F   2. V   3. F   4. F   5. F   6. V   7. V   8. V

R2·7   1. a/b   2. a   3. b   4. c   5. b   6. c   7. a   8. a   9. b   10. b

III

11·1   1. J'attends mes parents.
2. Une mère défend ses enfants.
3. Nous descendons l'escalier.
4. Quelquefois vous perdez un match.
5. Il vend sa maison.
6. Tu rends le livre.
7. J'entends la question.
8. Les étudiants/élèves répondent à beaucoup de questions.

11·2   1. d   2. g   3. f   4. a   5. h   6. b   7. e   8. c

11·3   1. F   2. F   3. V   4. V   5. F   6. V   7. F   8. V

11·4   1. Quelquefois je n'entends pas le téléphone.
2. Quand mon cellulaire/portable sonne, je réponds vite.
3. Quand je joue à la loterie, je perds toujours de l'argent.
4. Mes parents attendent le taxi.
5. Quand ils arrivent au restaurant, ils descendent.
6. Ma mère donne de l'argent au chauffeur de son portefeuille.
7. Je descends au salon et je regarde le tennis à la grande télévision.
8. Mais mon joueur favori perd le match.

12·1   (suggested answers)   1. Non   2. Si   3. Oui   4. Non   5. Oui   6. Si   7. Oui/Non   8. Oui

12·2   1. Tu étudies beaucoup?
2. Tu joues au tennis tous les jours?

3. Tu aimes le français?

4. Tes professeurs/profs sont sympa?

5. Il y a une carte dans ta salle de classe?

6. Ta mère travaille?

7. Ton cellulaire/portable est en haut?

8. Tes parents entendent le téléphone?

12·3
1. Est-ce que vous répondez?

2. Est-ce qu'elle joue à la loterie?

3. Est-ce que vous aimez les frites?

4. Est-ce que tes parents sont généreux?

5. Est-ce que les filles attendent?

6. Est-ce que vous entendez le téléphone?

7. Est-ce que votre cellulaire/portable est en haut?

8. Est-ce que vous rougissez?

12·4
1. Étudiez-vous beaucoup?

2. Jouez-vous au tennis tous les jours?

3. Aimons-nous le français?

4. Sont-ils sympa?

5. Est-elle belle?

6. Descendez-vous ici?

7. Finissent-ils l'exercice?

8. Vend-elle des maisons?

12·5 1. f 2. h 3. a 4. g 5. b 6. d 7. c 8. e

12·6
1. Quand est-ce que tu manges? —Je mange le matin.

2. Qu'est-ce que les étudiants/élèves aiment? —Ils aiment le lait au chocolat.

3. Où est-ce que les filles dansent tous les jours? —Elles dansent ici à l'école.

4. Pourquoi est-ce que vous étudiez le français? —Parce que nous aimons français.

5. Quand parles-tu à tes parents? —Le soir, pendant le dîner.

6. Où descends-tu? —Je descends là-bas.

7. Comment finissent-ils si vite? —Ils sont sérieux pendant la classe.

8. Pourquoi rougis-tu? —Parce que je suis timide.

13·1 1. V 2. F 3. F 4. F 5. V 6. V 7. V 8. F 9. V 10. F

13·2
1. C'est une actrice. Elle est actrice.

2. C'est un dentiste. Il est dentiste.

3. C'est une professeur. Elle est professeur.

4. C'est un avocat. Il est avocat.

5. C'est une directrice. Elle est directrice.

6. C'est un vendeur. Il est vendeur.

7. C'est une infirmière. Elle est infirmière.

8. C'est un musicien. Il est musicien.

13·3
1. Nous sommes agents de police.

2. Vous êtes pompiers.

3. Elle est avocate.

4. Il est dentiste.

5. Ils sont chanteurs.

6. Elles sont artistes.

7. Je suis femme d'affaires.

8. Tu es électricien.

13·4
1. Je suis intelligent/intelligente.

2. Je suis petit/petite.

3. Je suis curieux/curieuse.

4. Je suis responsable/responsable.

5. Je suis actif/active.

6. Vous êtes courageux/courageuses.

7. Vous êtes super/super.

8. Tu es amusant/amusante.

9. Vous êtes grands/grandes.

10. Tu es fort/forte.

14·1   1. ma carte / mes cartes   2. ton livre / tes livres   3. sa maison / ses maisons   4. notre professeur / nos professeurs   5. leur classe / leurs classes   6. votre frère / vos frères   7. son chien / ses chiens   8. mon oncle / mes oncles   9. notre cuisine / nos cuisines   10. sa chemise / ses chemises

14·2   1. F   2. F   3. F   4. V   5. F   6. F   7. F   8. V   9. V   10. F

14·3   1. Je suis aimable.
2. Tu es timide.
3. Il est grand.
4. Elle est généreuse.
5. Nous sommes énergiques.
6. Vous êtes minces.
7. Ils sont ici.
8. Elles sont là-bas.

14·4   1. Où es-tu maintenant?
2. Êtes-vous en retard?
3. Où est sa sœur?
4. À quelle heure est la fête?
5. Comment est ton professeur?
6. Où sont les étudiants/élèves?
7. Sommes-nous en avance?
8. Sont-elles là-bas?

14·5   1. la Suisse   2. le Canada   3. la France   4. la Belgique   5. le Maroc

15·1   1. J'ai une lampe et un lit.
2. Tu as deux placards.
3. Elle a une commode et un miroir.
4. Il a un tapis.
5. Nous avons une étagère et une cheminée.
6. Vous avez deux rideaux.
7. Les garçons ont une baignoire et une douche.
8. Les filles ont un sofa.

15·2   1. salle de bains
2, 3, 4, 5, 8. chambre
2, 5, 6, 7. salon

15·3   1. F   2. V   3. F   4. V   5. F   6. F

15·4   1. Est-ce que tu as une baignoire?
2. Est-ce que ta chambre a une étagère?
3. Est-ce que ses parents ont un grand lit?
4. Est-ce qu'elle a un ou deux éviers?
5. Est-ce que vous avez un tapis dans le salon?
6. Est-ce que les filles ont un miroir?

R3·1   1. i   2. e   3. h   4. f   5. c   6. g   7. j   8. d   9. b   10. a

R3·2   1. Le sofa dans son salon est laid.
2. Il y a une salle de bains en haut.
3. Nous avons un grand évier dans notre garage.
4. Il y a deux médecins dans notre famille.
5. Ses professeurs sont très sympa.
6. Ils ont deux étagères dans leur chambre.

R3·3   1. je rougis / tu rougis / il, elle rougit / nous rougissons / vous rougissez / ils rougissent
2. je porte / tu portes / il, elle porte / nous portons / vous portez / ils, elles portent
3. je perds / tu perds / il, elle perd / nous perdons / vous perdez / ils, elles perdent
4. je finis / tu finis / il, elle finit / nous finissons / vous finissez / ils, elles finissent
5. j'attends / tu attends / il, elle attend / nous attendons / vous attendez / ils, elles attendent
6. j'ai / tu as / il, elle a / nous avons / vous avez / ils, elles ont
7. je suis / tu es / il, elle est / nous sommes / vous êtes / ils, elles sont
8. j'écoute / tu écoutes / il, elle écoute / nous écoutons / vous écoutez / ils, elles écoutent

R3·4   1. c   2. e   3. g   4. f   5. h   6. a   7. b   8. d

R3·5   Angelina Jolie

R3·6   1. f   2. e   3. a   4. d   5. b   6. c

IV

16·1
1. un bon pâtissier / une bonne pâtissière
2. un vieux jardinier / une vieille jardinière
3. un nouveau peintre
4. un gentil employé / une gentille employée
5. un beau coiffeur / une belle coiffeuse
6. le même banquier / la même banquière

16·2
1. Il y a un nouveau cuisinier au café. Il est super!
2. J'ai la même coiffeuse qu'elle. Elle est jolie.
3. Le vieux boucher est un peu gros. Mais il est beau.
4. Je suis votre première employée.
5. Où est le jeune jardinier? Il est grand et mince.
6. Pourquoi la journaliste n'est-elle pas ici?
7. C'est un mauvais mécanicien. Il est nouveau.
8. La nouvelle épicière est jeune et jolie.

16·3   1. d   2. g   3. f   4. b   5. h   6. a   7. e   8. c

17·1
1. Sa mère est furieuse.
2. Ton père est frustré.
3. Ton frère est fier.
4. Leurs parents sont surpris.
5. Sont-ils heureux?
6. Pourquoi est-ce qu'elle est déçue?
7. Je suis de bonne humeur aujourd'hui.
8. Le petit garçon est effrayé.

17·2   1. F   2. V   3. F   4. V   5. V   6. V   7. V   8. F   9. V   10. F

18·1   1. Ça va bien.   2. Il est en bonne santé.   3. Elle est malade.   4. Nous sommes fatigués.
5. Les étudiants ont un rhume.   6. Tu es en forme!   7. Ça ne va pas mal.   8. Ça va comme ci comme ça.

18·2   1. à la maison   2. à la boulangerie   3. au magasin   4. à l'hôpital   5. à l'hôtel   6. aux musées
7. aux restaurants   8. aux églises   9. aux cafés   10. aux théâtres

18·3   1. Je vais à l'hôpital.   2. Elle va à la bibliothèque.   3. Nous allons au musée.   4. Vous allez aux magasins.   5. Elles vont à la maison.   6. Il va à la gare.   7. Tu es à la boulangerie.   8. Ils vont au parc.

18·4   1. F   2. F   3. V   4. V   5. F   6. F   7. F   8. V

19·1   1. Il veut une veste.   2. Elle veut des pantoufles.   3. Nous voulons des shorts.   4. Les garçons veulent des bottes.   5. Je veux une écharpe.   6. Tu veux des maillots de bain.   7. Les filles veulent des cravates.   8. Il veut un sweat.

19·2   1. V   2. F   3. F   4. V   5. V   6. F   7. V   8. V

20·1
1. J'ai vingt ans.
2. Tu as dix-huit ans.
3. Son grand-père a soixante-quinze ans.
4. Sa grand-mère a quatre-vingt-deux ans.
5. Ma sœur a vingt-six ans.
6. Son mari a trente et un ans.
7. Quel âge avez-vous?
8. Vous avez cinquante ans?

20·2   1. J'ai sommeil.   2. J'ai raison.   3. J'ai faim.   4. J'ai soif.   5. J'ai froid.   6. J'ai chaud.
7. J'ai peur.   8. J'ai de la chance.   9. J'ai mal.   10. J'ai tort.

20·3   1. c   2. e   3. g   4. a   5. b   6. d   7. f

R4·1
1. J'ai trois frères et deux sœurs.
2. Tu as une petite maison et une grande famille.

3. Nous avons un garçon, mais nous voulons trois enfants.
4. Ils ont une boulangerie et ils veulent un pâtissier.
5. Ma tante a vingt-sept ans.
6. L'Empire State Building a quatre-vingts ans.
7. Comment ça va? —Bien.
8. J'ai un rhume. Ça va comme ci comme ça.

R4·2   1. V   2. F   3. F   4. V   5. F   6. V   7. F   8. F

R4·3   1. b   2. c   3. f   4. h   5. i   6. g   7. a   8. e   9. j   10. d

V

21·1   1. Il neige beaucoup.   2. Il pleut presque tous les jours.   3. Il fait du brouillard le matin.   4. Il fait frais la nuit.   5. Quelquefois il y a un orage l'après-midi.   6. Il fait mauvais aujourd'hui.   7. Il fait très nuageux.   8. Il fait très beau.

21·2   1. F   2. V   3. F   4. F   5. V   6. V

21·3   1. l'hiver   2. l'été   3. l'automne   4. l'automne   5. le printemps   6. le printemps

21·4   1. a   2. d   3. e   4. c   5. f   6. b

22·1   1. Je fais la cuisine.   2. Ils jouent aux sports.   3. Tu fais de la musique.   4. Elle fait la vaisselle.   5. Il fait les achats.   6. Nous faisons la bise.   7. Vous faites les bagages.   8. Vous faites la queue.

22·2   1. F   2. V   3. F   4. F   5. F   6. V   7. V   8. F

22·3   1. Je fais du tennis / Je joue au tennis avec mon frère.
2. Tu fais du foot / Tu joues au foot avec tes amis.
3. Nous faisons du volleyball / Nous jouons au volleyball à l'école.
4. Mes parents jouent aux cartes le dimanche.
5. Nous faisons du hockey / Nous jouons au hockey en hiver.
6. Mes frères jouent au billard.

22·4   1. Nous jouons du violon.   2. Vous jouez au basketball.   3. Ils jouent de la guitare.   4. Elle joue au volleyball.   5. Tu joues du cor.   6. Je joue au tennis.

23·1   1. Il est midi.   2. Il est une heure.   3. Il est douze heures.   4. Il est cinq heures.   5. Il est huit heures.   6. Il est sept heures du matin.   7. Il est quatre heures de l'après-midi.   8. Il est neuf heures du soir.

23·2   1. À six heures, je fais mon petit déjeuner.
2. À sept heures, je fais une promenade.
3. À huit heures, je fais du vélo.
4. À neuf heures, je suis à l'école.
5. À midi, je mange avec mes amis.
6. À quatre heures, je fais les achats.
7. À six heures, je fais mes devoirs.
8. À sept heures, je fais la vaisselle.

23·3   1. a   2. a   3. b   4. a   5. c   6. c

23·4   1. Il est quatre heures et demie.   2. Il est deux heures et demie.   3. Il est onze heures moins cinq.   4. Il est huit heures dix.   5. Il est trois heures moins le quart.   6. Il est midi vingt.   7. Il est sept heures et quart.   8. Il est une heure moins cinq.

24·1   1. Je vais au parc.   2. Tu vas au musée.   3. Elle va à l'université.   4. Il va à la bibliothèque.   5. Nous allons à la boulangerie.   6. Vous allez aux magasins.   7. Elles vont au cinéma.   8. Ils vont au centre commercial.

24·2   1. c   2. c   3. a/c   4. b   5. c   6. a

24·3   1. Je vais à l'université en vélo.   2. Mes amis vont au parc à pied.   3. Quelquefois, je fais du vélo au parc.   4. John va à l'école en mobylette.   5. Mes parents vont au restaurant en voiture.   6. Tu vas au Canada en avion.   7. Ma sœur va au travail en métro.   8. Ils vont à Key West en bateau.

25·1   1. J'écris.   2. Tu lis.   3. Il dit.   4. Nous écrivons.   5. Vous lisez.   6. Elles disent.   7. Ils écrivent.   8. Je lis.

25·2   1. a   2. g   3. f   4. a   5. b   6. d   7. c   8. e

25·3   1. V   2. V   3. V   4. F   5. F   6. F   7. F   8. F   9. V   10. V

25·4
1. J'écris un long essai avec cinq paragraphes.
2. J'aime / J'adore les poèmes.
3. Où est mon manuel?
4. Tu es un lecteur avide?
5. Les politiciens écrivent des biographies.
6. *Notre-Dame de Paris* est un roman célèbre.

R5·1
1. *play*, je joue, tu joues, il/elle joue, nous jouons, vous jouez, ils/elles jouent
2. *do/make*, je fais, tu fais, il/elle fait, nous faisons, vous faites, ils/elles font
3. *go*, je vais, tu vas, il/elle va, nous allons, vous allez, ils/elles vont
4. *write*, j'écris, tu écris, il/elle écrit, nous écrivons, vous écrivez, ils/elles écrivent
5. *say/tell*, je dis, tu dis, il/elle dit, nous disons, vous dites, ils/elles disent
6. *read*, je lis, tu lis, il/elle lit, nous lisons, vous lisez, ils/elles lisent

R5·2   1. d   2. e   3. g   4. f   5. a   6. h   7. b   8. c

R5·3   1. six heures moins le quart   2. onze heures   3. midi   4. minuit   5. cinq heures

R5·4
1. Je joue de la guitare avec mes amis.
2. Nous jouons au basketball le dimanche au parc.
3. Vous jouez à cache-cache avec les enfants.
4. Ils jouent du piano et du violon.
5. Elle fait beaucoup de sport.
6. Il fait du vélo tous les jours.

R5·5   1. d   2. f   3. b   4. h   5. g   6. c   7. e   8. a

R5·6
1. Je vais à la maison, je fais mes devoirs et je fais le dîner.
2. Tu vas à l'école à pied tous les jours.
3. Ils vont à la bibliothèque quand ils ont besoin de livres.
4. Nous allons au cinéma quand il fait mauvais le samedi.
5. Elle fait une promenade au parc avec son chien.
6. Mes parents vont au restaurant en taxi.

VI

26·1   1. Je peux chanter.   2. Tu peux danser.   3. Paul peut parler français.   4. Nous pouvons lire.
5. Vous pouvez nager.   6. Ils peuvent finir l'exercice.   7. Je ne peux pas entendre.   8. Elle ne peut pas attendre.

26·2   1. V   2. F   3. V   4. F   5. V   6. V   7. F   8. F

26·3
1. Jules Verne peut vraiment bien écrire des livres de science-fiction.
2. Madame de Sévigné peut vraiment bien écrire des lettres.
3. Victor Hugo peut vraiment bien écrire des romans.
4. Charles Perrault peut vraiment bien écrire des contes.
5. Georges Simenon peuvent vraiment bien écrire des romans policiers.

26·4   (*suggested answers*)
1. Non, je ne peux pas parler chinois.
2. Non, je ne peux pas jouer au golf comme Tiger Woods.
3. Si, je peux aller en France facilement en avion.
4. Oui, je peux répondre aux questions.
5. Non, je ne peux probablement pas gagner à la loterie.
6. Oui, je mange généralement de la pizza pendant un match à la télé.

26·5   1. attentivement   2. sérieusement   3. joyeusement   4. lentement   5. tristement

27·1   1. Je dois travailler rapidement/vite.   2. Tu dois faire la vaisselle.   3. Paul doit aller à l'école.
4. Nous devons lire.   5. Vous devez écrire des lettres.   6. Ils/Elles doivent attendre.

27·2   1. V   2. V   3. F   4. V   5. V   6. F   7. F   8. V

27·3
1. Il doit manger son dîner.
2. Ils espèrent lire aujourd'hui en classe.
3. J'essaie de parler français clairement.
4. Nous voulons aller en France.
5. Vous pouvez bien écrire.
6. Elle doit faire ses devoirs.

27·4	1. c 2. c 3. b 4. a 5. b 6. a 7. b 8. b
27·5	1. Je vais au cinéma chaque semaine.
	2. Vous regardez la télévision chaque jour.
	3. Ils/Elles lisent toute la journée.
	4. Je travaille rarement toute la semaine.
	5. Nous regardons ce film tant de fois.
	6. Vous dansez tout le temps.
28·1	1. Pourquoi est-ce que nous devons étudier?
	2. Quand est-ce que nous pouvons parler?
	3. Comment est-ce que vous devez aller à l'école?
	4. Qu'est-ce qu'ils/elles espèrent faire?
28·2	1. Que peut-elle lire?
	2. Quand veux-tu venir?
	3. Pourquoi doivent-elles écrire?
	4. Qu'espère-t-il étudier?
28·3	1. Qui peut aller au centre commercial?
	2. Qui veut manger tout le temps?
	3. Qui essaie de répondre une ou deux fois?
	4. Qui espère être riche un jour?
28·4	1. F 2. V 3. V 4. V 5. V 6. V 7. F 8. V
28·5	1. c 2. a 3. f 4. e 5. d 6. b
29·1	1. Marc est plus grand que Luc.
	2. Marie est plus petite que Rose.
	3. Mon chat est plus gros que mon chien.
	4. Ma règle est plus longue que ma main.
	5. La famille Gates est plus riche que mes parents.
29·2	1. F 2. V 3. F 4. F 5. F 6. V
29·3	1. Un sandwich est meilleur qu'une salade.
	2. Une pièce (de théâtre) est meilleure qu'un film.
	3. Un F est pire qu'un D.
	4. L'économie est pire aujourd'hui qu'hier.
29·4	(suggested answers)
	1. Une glace au chocolat est meilleure qu'une glace à la vanille / Une glace à la vanille est meilleure qu'une glace au chocolat.
	2. Le poulet est meilleur que la dinde. / La dinde est meilleure que le poulet.
	3. Une fraise est meilleure qu'une cerise. / Une cerise est meilleure qu'une fraise.
	4. Julia Roberts est meilleure que Meryl Streep. / Meryl Streep est meilleure que Julia Roberts.
30·1	1. avant d'écrire 2. pour vivre 3. avant de parler 4. au lieu de lire 5. pour voir 6. au lieu de regarder
30·2	1. We need water on the table. 2. We need paintings on the wall. 3. We need a rug on the floor. 4. We need a night light in the baby's room. 5. We have to buy curtains. 6. We have to write to grandmother. 7. We have to speak French. 8. We have to listen to the teacher.
30·3	1. V 2. F 3. F 4. V 5. V 6. F 7. F 8. V 9. F 10. V
30·4	1. des photos 2. des bûches 3. une clé 4. un panier / une poubelle 5. la vaisselle, une cuisinière 6. une cuisinière
30·5	1. Il faut étudier. 2. Il faut dormir. 3. Il faut manger des légumes. 4. Il faut lire vos livres. 5. Il faut faire du sport.
30·6	1. Pour avoir un A, il faut étudier.
	2. Avant de manger, il faut préparer le dîner.
	3. Au lieu de jouer au foot, il faut essayer de jouer au football américain.
	4. Il faut bien manger pour être en forme.
	5. Il faut faire du sport pour être fort(e).
	6. Il faut être heureux.
	7. Il ne faut pas fumer.
	8. Il ne faut pas être triste.

R6·1 1. Je peux parler français.
2. Je veux aller en France.
3. Nous devons faire des achats.
4. Il faut aller au centre commercial.
5. Il espère gagner le match.
6. Elle préfère danser.

R6·2 1. c   2. b   3. c   4. c   5. a

R6·3 1. j'ai, tu as, il/elle a, nous avons, vous avez, ils/elles ont
2. je suis, tu es, il/elle est, nous sommes, vous êtes, ils/elles sont
3. je fais, tu fais, il/elle fait, nous faisons, vous faites, ils/elles font
4. je vais, tu vas, il/elle va, nous allons, vous allez, ils/elles vont
5. je dois, tu dois, il/elle doit, nous devons, vous devez, ils/elles doivent
6. je peux, tu peux, il/elle peut, nous pouvons, vous pouvez, ils/elles peuvent
7. je veux, tu veux, il/elle veut, nous voulons, vous voulez, ils/elles veulent
8. j'espère, tu espères, il/elle espère, nous espérons, vous espérez, ils/elles espèrent

R6·4 1. L'avion est plus rapide que le train.
2. Le maïs est jaune.
3. Un accident de voiture est pire qu'un C en français.
4. Oui, l'agent de police peut arrêter les criminels.
5. Michael Phelps est le meilleur nageur.
6. La tour Eiffel est plus grande que l'Arc de Triomphe.

R6·5 1. c   2. e   3. a   4. d   5. b

R6·6 1. V   2. V   3. F   4. F   5. F   6. F   7. V   8. V   9. F   10. V

VII

31·1 1. cette maison   2. ce fils   3. cet animal   4. ces écoles   5. cette salle de bains
6. ce garage   7. ce fauteuil-ci et ce fauteuil-là   8. ces escaliers-ci et ces escaliers-là

31·2 1. V   2. F   3. F   4. V   5. F   6. V   7. V   8. F   9. V   10. V

31·3 1. Je peux essayer d'appeler mon ami maintenant.
2. S'il ne répond pas, je dois appeler ce soir.
3. Je vais jeter ces papiers.
4. J'essaie de nettoyer ce bureau une fois par mois.
5. J'aime acheter mes vêtements à ce magasin.
6. Je n'aime pas ennuyer mes étudiants/élèves.

31·4 1. d   2. c   3. e   4. a   5. f   6. b

32·1 1. F   2. V   3. F   4. F   5. V   6. F   7. V   8. F

32·2 1. b   2. b   3. b   4. b   5. b   6. b   7. a   8. b

32·3 1. nouveau   2. vieille   3. vieux   4. nouveau   5. vieille   6. nouveau

32·4 1. J'appelle mes vieux amis chaque jour.
2. Tu appelles seulement ta nouvelle amie?
3. Elle appelle souvent son bel ami.
4. Je jette ou je donne mes vieux vêtements.
5. Nous jetons la vieille pizza.
6. Mes camarades de classe jettent leurs vieux cahiers.

33·1 1. Vous achetez un kilo de pommes.
2. Ils achètent un gâteau.
3. Nous levons la main.
4. Elle lève la table.
5. Je gèle (Je fais geler) le jambon.
6. Les oranges gèlent quand il fait très froid.
7. Tu promènes ton chien.
8. Ils promènent leur chien.

33·2 1. F   2. F   3. V   4. V   5. F   6. V

33·3   1. Je suis devant le/la professeur.   2. Son livre est sur son bureau.   3. Les fraises sont entre les oranges et les pommes.   4. Son chat est sous la table.   5. Mon lit est à côté de la fenêtre.   6. Le café est dans le centre commercial.   7. La boulangerie est loin d'ici.   8. Le restaurant est à droite du cinéma.   9. Il y a un parc en face de l'école. 10. La bibliothèque est près de mon école.

33·4   1. d   2. c   3. a   4. b

34·1   1. Je célèbre le Thanksgiving.   2. Nous célébrons nos anniversaires.   3. Tu espères que l'examen est facile.   4. Vous espérez qu'il fait beau.   5. Il possède beaucoup de banques.   6. Nous possédons une maison.   7. Je préfère les légumes.   8. Vous préférez les fruits.

34·2   1. F   2. F   3. V   4. V   5. F   6. V   7. V   8. V

34·3   1. à/avec/de   2. chez   3. pour   4. de   5. avec   6. de   7. à   8. chez/avec

35·1   1. J'essaie mon nouveau pull.   2. Tu essaies de parler français.   3. Nous ennuyons nos amis avec ces histoires.   4. Ils ennuient leur petit frère.   5. Le chef nettoie sa cuisine.   6. Vous ne nettoyez pas votre maison.   7. Je paie pour ma sœur.   8. Nous payons beaucoup pour ces vêtements.

35·2   1. F   2. V   3. F   4. F   5. V   6. V   7. F   8. F

35·3   1. d   2. f   3. b   4. a   5. c   6. e

35·4   1. g   2. a   3. b   4. h   5. c   6. d   7. e   8. f

35·5   1. Je viens de manger un sandwich.   2. Tu viens d'essayer une robe.   3. Il vient d'acheter une nouvelle voiture.   4. Elle vient de jeter un vieux magazine.   5. Nous venons d'aller au cinéma.   6. Mes amis viennent d'appeler.

R7·1   1. Cet après-midi, je vais acheter un nouveau vélo.   2. Je préfère sortir avec mes amis le soir. 3. Les oranges gèlent quand il fait trop froid.   4. Le musée est loin de l'hôtel.   5. Nous sommes derrière mes parents au cinéma.   6. Mes clés sont sur mon bureau dans ma chambre.   7. Ce cadeau est pour ma mère.   8. En été, je ne vais pas à l'école.

R7·2   1. V   2. F   3. V   4. F   5. F   6. V   7. V   8. V

R7·3   1. maintenant   2. après   3. avant   4. maintenant   5. maintenant   6. avant   7. après 8. maintenant   9. maintenant   10. avant

VIII

36·1   1. Tu me regardes.   2. Il m'aime.   3. Ils nous appellent.   4. Le professeur vous cherche. 5. Ses parents nous invitent.   6. Elle t'aime.

36·2   1. J'aime le livre. Je l'aime.
2. Nous aimons les bijoux. Nous les aimons.
3. Tu lis le magazine. Tu le lis.
4. Elle achète le jeu vidéo. Elle l'achète.
5. Il mange la pizza. Il la mange.
6. J'achète les abonnements. Je les achète.
7. Il adore le collier. Il l'adore.
8. Nous voulons le parfum. Nous le voulons.
9. Ils écrivent la lettre. Ils l'écrivent.
10. Vous donnez le bouquet. Vous le donnez.

36·3   1. V   2. F   3. V   4. V   5. F   6. V   7. F   8. V

36·4   1. le   2. les   3. l'   4. les   5. la

36·5   1. t'   2. m'   3. nous   4. vous

37·1   1. Je sais jouer du piano.   2. Tu sais peindre.   3. Elle sait jouer au foot/football.   4. Nous savons qu'il aime la pizza.   5. Mes amis savent que j'aime bavarder.   6. Ils savent que nous bricolons tout le temps.

37·2   1. V   2. V   3. V   4. F   5. V   6. F   7. V   8. F

37·3   1. Je ne sais pas où tu habites.   2. Tu ne sais pas jouer au golf.   3. Elle ne sait pas qu'il neige ici. 4. Vous ne voulez pas savoir la vérité.   6. Elles ne savent pas que je joue du violon.

37·4   1. V   2. F   3. V   4. F   5. F   6. V   7. V   8. F

37·5   1. Pas si vite!   2. Pas dans la cuisine!   3. Pas chaque jour! / Pas tous les jours!   4. Pas de glace s'il vous plaît!   5. Pas de pain, merci!   6. Pas en été!

37·6   1. c   2. d   3. e   4. a   5. b

38·1   1. Je connais bien ce restaurant.   2. Tu ne connais pas ce club de sport.   3. Elle ne connaît pas le quartier.   4. Nous connaissons beaucoup de bons cafés.   5. Vous connaissez cette bibliothèque. 6. Ils connaissent notre école.

38·2   1. V   2. V   3. F   4. F   5. F   6. V   7. V   8. V

38·3   1. c/i/j   2. e/g/h   3. b   4. f/j   5. a/j   6. c/j   7. d/g/j   8. d   9. j   10. h

39·1   1. sais   2. connais   3. sais   4. connaît   5. savons   6. connaissez   7. savent   8. savent

39·2   1. je sais, tu sais, il/elle sait, nous savons, vous savez, ils/elles savent
2. je connais, tu connais, il/elle connaît, nous connaissons, vous connaissez, ils/elles connaissent
3. je suis, tu es, il/elle est, nous sommes, vous êtes, ils/elles sont
4. j'ai, tu as, il/elle a, nous avons, vous avez, ils/elles ont
5. je fais, tu fais, il/elle fait, nous faisons, vous faites, ils/elles font
6. je vais, tu vas, il/elle va, nous allons, vous allez, ils/elles vont
7. je veux, tu veux, il/elle veut, nous voulons, vous voulez, ils/elles veulent
8. je peux, tu peux, il/elle peut, nous pouvons, vous pouvez, ils/elles peuvent
9. je dois, tu dois, il/elle doit, nous devons, vous devez, ils/elles doivent
10. j'écris, tu écris, il/elle écrit, nous écrivons, vous écrivez, ils/elles écrivent
11. je lis, tu lis, il/elle lit, nous lisons, vous lisez, ils/elles lisent
12. je dis, tu dis, il/elle dit, nous disons, vous dites, ils/elles disent

39·3   (*suggested answers*)   1. Oui, je sais nager.   2. Oui, je sais parler anglais.   3. Non, je ne sais pas voler. 4. Oui, je les connais.   5. Oui, je la connais.   6. Non, je ne les connais pas toutes.

39·4   1. F   2. V   3. V   4. V   5. V   6. V   7. F   8. V   9. F   10. F

39·5   1. Ils savent où elle est.
2. Je ne connais pas le nouveau professeur.
3. Mes parents connaissent bien la ville de New York.
4. Nous savons lire en français.
5. Tu connais beaucoup de bons restaurants.
6. Elle ne sait pas quand le film commence.
7. Je ne sais pas jouer du piano.
8. Les élèves/étudiants connaissent beaucoup de librairies.

40·1   1. F   2. F   3. F   4. V   5. V   6. V

40·2   1. la voiture de mon frère   2. les parents de mon ami(e)   3. le livre du professeur   4. le titre du poème 5. d'Italie   6. de la piscine

40·3   1. V   2. V   3. F   4. F   5. F   6. F

40·4   1. une cuillère à café   2. un verre à vin   3. un gâteau au chocolat   4. une omelette au fromage 5. au bureau de poste   6. au professeur

40·5   1. Je ne mange jamais le matin.   2. Tu ne joues plus.   3. Il ne dit rien.   4. Nous ne voulons rien. 5. Vous n'écrivez plus.   6. Ils ne veulent rien.

40·6   1. c   2. e   3. d   4. a   5. b

R8·1   1. d   2. f   3. a   4. e   5. c   6. b

R8·2   1. F   2. V   3. F   4. F   5. V   6. F   7. F   8. V

R8·3   1. au Canada   2. aux États-Unis   3. au Canada   4. en France   5. aux États-Unis   6. au Canada 7. en France   8. tous les trois

R8·4   1. connais   2. connais   3. sait   4. savons   5. connaissez   6. savent

R8·5   1. Je préfère le cadeau de Colette.   2. Elle a un nouveau collier; elle l'aime bien.   3. Vous savez faire une omelette au fromage.   4. Il ne connaît personne dans cette ville.   5. C'est le frère de John.   6. Nous ne faisons rien le dimanche.   7. Elles ne vont plus à cette bibliothèque.   8. Tu écris un e-mail à ton oncle.

IX

41·1   1. F   2. V   3. F   4. V   5. F   6. V   7. F   8. F   9. F   10. F

41·2   1. J'aime sortir avec mes amis.   2. Tu pars rarement.   3. Il dort presque toujours à la maison. 4. Un putois peut sentir mauvais.   5. Vous partez ensemble.   6. Ils sortent au restaurant de temps en temps.   7. Les fleurs sentent bon.   8. Nous ne sortons jamais pendant la semaine.

41·3   1. b   2. h   3. f   4. e   5. g   6. c   7. d   8. a

42·1   1. je me lève, tu te lèves, il/elle se lève, nous nous levons, vous vous levez ils/elles se lèvent
2. je m'habille, tu t'habilles, il/elle s'habille, nous nous habillons, vous vous habillez, ils/elles s'habillent
3. je me peigne, tu te peignes, il/elle se peigne, nous nous peignons, vous vous peignez, ils/elles se peignent
4. je me couche, tu te couches, il/elle se couche, nous nous couchons, vous vous couchez, ils/elles se couchent
5. je me rase, tu te rases, il/elle se rase, nous nous rasons, vous vous rasez, ils/elles se rasent
6. je me sens, tu te sens, il/elle se sent, nous nous sentons, vous vous sentez, ils/elles se sentent
7. je me sèche, tu te sèches, il/elle se sèche, nous nous séchons, vous vous séchez, ils/elles se sèchent
8. je me bronze, tu te bronzes, il/elle se bronze, nous nous bronzons, vous vous bronzez, ils/elles se bronzent

42·2   1. Je me lève à six heures et demie.   2. Tu t'habilles tout de suite/immédiatement.   3. Il se peigne dans la salle de bains.   4. Nous nous couchons à dix heures.   5. Vous vous rasez dans la douche. 6. Ils se sentent bien aujourd'hui.   7. Elle s'appelle Véronique.   8. Nous nous habillons très chic.

42·3   Le matin, je me réveille à six heures. Je me lève rapidement et je me lave la figure et les mains. Quelquefois je me lave les cheveux dans la douche et puis je me sèche. Je me brosse toujours les dents et je me peigne (les cheveux). Après le petit déjeuner, je me dépêche de prendre le bus. Le soir je me couche à dix heures et demie et je m'endors presque toujours tout de suite.

42·4   1. Oui   2. Non   3. Oui   4. Non   5. Non   6. Non   7. Oui   8. Oui   9. Non   10. Oui

42·5   1. Je me sens comme ci comme ça ce matin.   2. Tu te sens très fatigué(e)?   3. Il se sent vraiment bien. 4. Nous nous sentons en forme.   5. Vous vous sentez tristes.   6. Elles se sentent bien.

43·1   1. F   2. V   3. F   4. V   5. F   6. V   7. V   8. V

43·2   1. Ce mascara/rimmel est noir.   2. Anne et John n'aiment pas mon adoucissant.   3. La brosse à dents de mon frère est ici.   4. Le fil dentaire est dans la salle de bains.   5. Où sont le peigne et la brosse? 6. Michel a un nouveau rasoir.

43·3   1. Il se brosse les dents.   2. Elle se peigne (les cheveux).   3. Elle se maquille (les yeux).   4. Il se sèche. 5. Je me lave.   6. Tu te laves les cheveux.   7. Il se rase.   8. Elle s'habille.

44·1   1. V   2. F   3. V   4. V   5. V   6. F   7. V   8. F

44·2   1. Mon ami Pierre vient de France.   2. Tu viens quelquefois en retard.   3. Il vient à l'école chaque jour/ tous les jours.   4. Nous venons des États-Unis.   5. Vous ne venez pas d'Angleterre.   6. Les filles viennent ensemble.

44·3   1. e   2. d   3. f   4. b   5. a   6. c

44·4   1. d   2. f   3. e   4. c   5. a   6. b

44·5   1. en veux   2. en ai envie   3. m'en souviens   4. en ai beaucoup   5. en arrive   6. en viens

44·6   1. Est-ce qu'il veut de l'eau? —Oui, il en veut.   2. Est-ce qu'elle vient du Canada? —Oui, elle en vient. 3. Est-ce qu'il a envie de chanter? —Oui, il en a envie.   4. Est-ce qu'elle veut des bananes? —Oui, elle en veut.   5. Est-ce que tu te souviens de ce livre? —Oui, je m'en souviens.   6. Est-ce que vous vous souvenez de vos notes? —Oui, nous nous en souvenons.

45·1   1. Oui   2. Oui   3. Non   4. Oui   5. Non   6. Oui   7. Non   8. Non

45·2   1. Il offre des fleurs à sa mère.   2. J'offre un collier à ma sœur.   3. Nous offrons un chien à notre frère. 4. Tes parents offrent un nouveau vélo à ta sœur.   5. Vous nous offrez des tickets pour le cinéma.

45·3   1. DO-paper / IO-to him   2. DO-a good grade / IO-me   3. DO-a bracelet / IO-her   4. DO-an e-mail / IO-you   5. DO-a gift / IO-me   6. DO-many questions / IO-us   7. IO-to him   8. DO-five dollars / IO-them

45·4   1. Elle me donne une bague.   2. Vous lui offrez ce cadeau.   3. Ils nous parlent.   4. Nous t'offrons cette carte.   5. Il lui offre un bouquet.   6. Je leur pose beaucoup de questions.

R9·1   1. F   2. V   3. V   4. F   5. V   6. F   7. V   8. V   9. V   10. F

R9·2   1. e   2. g   3. f   4. h   5. a   6. c   7. d   8. b

R9·3   1. me   2. me   3. m'   4. te   5. te   6. nous   7. nous   8. nous   9. nous   10. nous

R9·4   1. Oui, je lui donne une carte.   2. Oui, je leur parle souvent.   3. Oui, ils lui parlent.   4. Oui, il leur offre des gâteaux.   5. Oui, elle en arrive.   6. Oui, je m'en souviens.

R9·5   1. Oui, je te fais la bise.   2. Oui, je vous montre mon nouveau pull.   3. Oui, je vous offre un café. 4. Oui, mes parents (ils) me téléphonent souvent.

X

46·1   1. Non   2. Oui   3. Non   4. Non   5. Non   6. Oui

46·2   1. Je prends le bus.   2. Tu prends le dictionnaire.   3. Il prend le train.   4. Nous prenons l'avion.   5. Vous prenez vos manteaux.   6. Elles prennent leurs livres.

46·3   1. V   2. F   3. F   4. V   5. F   6. V   7. V   8. V

46·4   1. Lui/moi   2. Nous/vous   3. Eux/nous   4. Moi/toi   5. Toi/moi   6. Elles/eux   7. Nous/vous   8. Moi/toi

46·5   1. A   2. R   3. R   4. A   5. R   6. A

47·1   1. Je vais chanter une chanson française.
     2. Tu vas me donner ton adresse.
     3. Elle va vendre son vélo.
     4. Nous allons offrir un cadeau au professeur.
     5. Vous allez finir ce livre aujourd'hui.
     6. Ils vont se sentir bien.

47·2   1. c   2. d   3. a   4. b   5. f   6. e

47·3   1. e   2. d   3. c   4. f   5. a   6. b

47·4   1. y vais   2. y est   3. n'y répond pas   4. y sont   5. n'y restons pas   6. y est

48·1   1. Je viens de parler français.   2. Tu viens de lire le journal.   3. Elle vient de s'habiller.   4. Nous venons de regarder un film.   5. Vous venez de prendre le train.   6. Ils viennent d'apprendre un nouveau mot.

48·2   1. Ma mère vient d'arriver à la maison il y a une heure.
     2. Je viens de commencer cet exercice il y a une minute.
     3. Nous venons d'acheter cette maison il y a un an.
     4. Mes grands-parents viennent de partir hier.
     5. Tu viens de me voir hier soir.
     6. Nos amis viennent de téléphoner il y a une semaine.
     7. Sophia vient de se lever il y a quinze minutes.
     8. Nous venons de nous laver.

48·3   1. F   2. F   3. V   4. V   5. V   6. F   7. V   8. F

49·1   1. J'ai parlé.   2. Tu as fini.   3. Il a répondu.   4. Elle a dansé.   5. Nous avons choisi.   6. Vous avez perdu.   7. Ils ont préféré.   8. Elles ont regardé.

49·2   1. c   2. a   3. b   4. f   5. d   6. e

49·3   1. V   2. F   3. V   4. V   5. F   6. F   7. V   8. F

50·1   1. ê   2. ê   3. a   4. ê   5. a   6. a   7. ê   8. ê   9. a   10. ê

50·2   1. Je suis allé(e) au concert.   2. Tu es arrivé.   3. Elle est rentrée.   4. Nous sommes partis.   5. Vous êtes restées.   6. Ils sont venus.

50·3   1. c   2. d   3. e   4. b   5. f   6. a

50·4   1. Ils se sont réveillés...   2. Ils se sont levés...   3. Ils se sont lavé...   4. Ils se sont habillés...   5. Ils se sont fâchés...   6. Ils se sont dépêchés...

50·5   1. Je me suis réveillé(e) à six heures.   2. Tu t'es levé.   3. Nous nous sommes promenées.   4. Vous vous êtes fâchés.   5. Elles se sont maquillées.

R10·1   1. Moi/ai appris   2. Toi/as compris   3. Elle/a pris   4. Moi/ai appris   5. Nous/avons pris   6. Vous/avez appris   7. Eux/ont compris   8. Elles/ont pris

R10·2   1. F   2. V   3. F   4. F   5. V   6. F   7. F   8. V

R10·3   1. P   2. F   3. F   4. P   5. P   6. F

R10·4   1. est   2. ont   3. es   4. avons   5. ai   6. êtes   7. sont

R10·5   1. g   2. d   3. h   4. e   5. a   6. c   7. f   8. b

Fun facts translations

Part I - L1

Barak Obama's daughters are Sasha and Malia.
Bill Ford is Henry Ford's great-grandson.
Jennifer Lopez is Marc Anthony's wife.
Liza Minnelli is Judy Garland's daughter.
Brad Pitt is Angelina Jolie's companion.

Part I - L2

The White House in Washington, D.C., is the residence of the American presidents.
The Élysée Palace in Paris is the residence of the French presidents.
Victor Hugo's houses are in Paris and in Guernsey.
Louis Pasteur's house in Arbois has a tannery, a cellar, six rooms on the first (ground) floor, six other rooms on the second floor, some attics, and a yard.

Part I - L3

Perdita, Pongo, and Lucky are dogs in the movie *The 101 Dalmatians*.
Tintin has a dog: Milou.
Pinocchio has a cat: Figaro.
Mickey Mouse is a mouse.
Porky Pig is a pig.
Astérix has a dog: Idéfix.
Garfield is a cat.
Donald Duck is a duck.
Nemo is a fish.

Part I - L4

In *The Story of Babar*, the elephant Babar has French classes with a teacher. He is in a classroom with eleven books, one notebook, one paper, and a board. But there is no computer for Babar.

Part I - L5a

TF1 and Canal+ are private television channels in France, but France 1, France 2, France 4, France 5, and Arte are public (government-supported) channels. TV5-Monde is broadcast throughout the world, on every continent.

French television has animated cartoons, like Astérix *and programs like* Les guignols de l'info *(Punch and Judy present the news), news broadcasts, films, game shows, and sports.*

Part I - L5b

Except for Saturday and Sunday, the days of the week are composed of the syllable *di* and the Latin word for a star or planet.

Monday is *lunae dies*, day of the moon.
Tuesday is *martis dies*, day of Mars
Wednesday is *mercurii dies*, day of Mercury

Thursday is *jovis dies*, day of Jupiter.
Friday is *veneris dies*, day of Venus.
Saturday is *sabbati dies*, sabbath day.
Sunday is *dies dominica*, the lord's day.

Part II - L6

Gabrielle is the daughter of Albert and Jeanne Chanel. The young girl sings in a café. The clients adore the young woman and name her *Coco*. But she dreams of being famous. Eventually Coco will revolutionize fashion in Paris and in the world. She rejects the corset and frees the female body; she creates a clothing style for very avant-garde women. She introduces the cardigan and the little black dress, which remain classics. Coco also creates bell-bottom pants. In addition, she introduces *Chanel No. 5* perfume.

Part II - L7

For a full French meal, one generally eats an appetizer first; then a main dish, a salad, one or two cheeses; and one finishes with fruit.
There is always a baguette and other kinds of breads on the table for breakfast, lunch, and dinner. The typical breakfast in France is bread with butter and jam and sometimes cereal. A special breakfast is croissants and chocolate rolls and sometimes eggs with toast.
The French consume a lot of wine (each inhabitant consumes fifty-eight liters a year). They also consume a lot of mineral water.

Part II - L8

Many regular -ir verbs come from the name of a color. Note the following:

blanchir (*to turn white*): Lilies turn white.
bleuir (*to turn blue*): The petals of the forget-me-not turn blue.
brunir (*to turn brown*): The heart of the sunflowers turns brown.
jaunir (*to turn yellow*): The petals of the sunflowers turn yellow.
noircir (*to turn black*): Petals turn black when they grow old.
rougir (*to turn red*): The petals of poppies turn red.
verdir (*to turn green*): The stems of flowers turn green.

Game: I love you a little, a lot, passionately, madly . . .

Part II - L9

Do colors reflect personality? Does each individual prefer his/her own color? What is your favorite color? Does the color really reflect your personality?

My favorite color is red: I am passionate and I love risks.
My favorite color is brown: I am honest and I love stability.
My favorite color is yellow: I am dynamic and I love living.
My favorite color is green: I am optimistic and I love projects.
My favorite color is blue: I am responsible and I love the arts.
My favorite color is black: I am discreet. I love simple elegance.
My favorite color is white: I am idealistic and I love to dream.

Part II - L10

In the comic books, Astérix is small but strong and brave. His companion Obélix is huge, sensitive, and also very strong. Obélix eats a lot more than Astérix and he is stronger than Astérix, except when Astérix drinks the magic potion. But Astérix is more intelligent than Obélix. The two companions are fantastic!

Review II

Animals in Disney movies wear clothes. For example, Mickey wears white gloves and yellow shoes. Donald Duck wears a blue jacket and a little blue baseball hat.
In *Beauty and the Beast*, there is a pretty young girl. She is Beauty. There is also a very ugly beast who transforms himself into a prince.

Pinocchio is first a very naïve wooden puppet. He listens to the wolf and to the fox and does silly things. Then the courageous Pinocchio saves his father Geppetto from a big whale. At the end of the story, he changes into a real boy.

Part III - L11

In the movie *Six Hours to Lose*, a passenger gets off a train and has a six-hour wait for another train. But a private chauffeur mistakes the passenger for his employer, a rich man, an ambassador. The passenger spends six hours with the ambassador's family and solves many problems. The ending of the movie is surprising.

Part III - L12

When do the French celebrate Bastille Day? —It is the 14th of July. How do they celebrate Bastille Day? —There are fireworks and they dance. Where do they dance? —They dance in the streets, in the cafés, and in dance halls.

Why do Americans celebrate Thanksgiving? —It is to commemorate the arrival of the pilgrims in America. What do they eat during the Thanksgiving holiday? They eat turkey and pumpkin pie.

Part III - L13

Gérard Depardieu is a famous French actor who plays in numerous movies such *Jean de Florette* and *Astérix*. In the 1990 film *Cyrano de Bergerac*, Depardieu plays the role of Cyrano, a man with a very big nose and very long hair. He also plays the role of a pianist in the American movie *Green Card*.

Audrey Tautou is an actress very well known for her roles in the movies *Amélie*, *The Da Vinci Code*, and *Coco avant Chanel*. She is an international star. She is pretty, slender, and is very talented.

Part III - L15

In a well equipped French bathroom, there is a sink, a mirror, a bathtub with a hand-held shower, one or two towel racks, and naturally a bidet. Attention: A bidet is not a toilet.

Part IV - L16

M. Boulanger opens the first modern restaurant in Paris around 1765. It is the first place to offer food at the table at any time of day. It offers a choice of dishes on a menu. In other establishments, that is, inns, there is only a single dish proposed by the cook.

Part IV - L17

Where are babies born? In flowers? In cabbages? In many stories, like *Dumbo the Elephant*, storks deliver new babies to moms. Surprise!?

Part IV - L18

There are many museums in France: art museums like the Louvre, historical museums, science museums, aviation museums, comic book museums, fashion museums, etc. There is also a website, the Fun Museum, created by UNESCO, designed for children. They can discover lights, colors, forms, and the stories of paintings.

Part IV - L20

The Lucy skeleton is approximately three million years old according to certain scientists.
The Palace of Versailles is over three hundred years old.
The Eiffel Tower is over one hundred years old.
One of the oldest persons in the world is (was) a French woman, Jeanne Calment, who died at the age of one hundred and twenty-two years.

Review IV

The CN (communication and observation) Tower in Toronto is 553 meters high.
The Empire State Building has 102 stories. The structure is 448 meters high.
The Eiffel Tower has two stories. It is 300 meters high.

Part V - L21

Albert Einstein was born on March 14, 1879, at 11:30 A.M.

Christopher Columbus arrived in the New World for the first time in 1492. He returned a second time in 1494, a third time in 1501, and for the last time in 1504.

The longest solar eclipse took place on Wednesday, July 22, 2009, and lasted six and a half minutes.

Part V - L22

The classical composers Mozart and Beethoven played the piano. Bach played the organ.

Elvis Presley played the piano, the drums, the harmonica, and the guitar.

In the Beatles' band, John Lennon, Paul McCartney, and George Harrison played the guitar and Ringo Starr played the drums.

In jazz, Louis Armstrong played the trumpet and Duke Ellington played the piano.

Country musicians play the mandolin, the guitar, the violin, the harmonica, the accordion, etc.

Part V - L23

When it is noon in Paris, it is six A.M. in Martinique, three A.M. in California, four P.M. in Bombay, six P.M. in Vietnam, and midnight in Tahiti.

Part V - L24

In big French cities, the most popular means of mass transportation are the bus, the tram, and the subway. But, in Paris and Lyon, there are also bicycle rental services that are frequently used. Mass transportation is very important for all the French, especially young people, because it is difficult and expensive to obtain a driver's license. Many young people have mopeds or bicycles to go to school or to the university.

Part V - L25

Numerous musicals and movies are inspired by French literary works.

Examples of French novels that were adapted to Broadway are *Les Misérables* and *Le Fantôme de l'Opéra*.

Examples of French tales that have been made into movies are *La Belle et la Bête* (*Beauty and the Beast*), *La Belle au Bois Dormant* (*Sleeping Beauty*), *Peau d'Âne* (*Donkey Skin*), *Le Petit Chaperon Rouge* (*Little Red Riding Hood*), and *Le Chat Botté* (*Puss in Boots*).

Review V

In the seventeenth century, under Louis XIV, the Marquise de Sévigné wrote more than a thousand letters to friends and family outside Paris recounting the adventures at the court of Louis XIV. Written with humor and precision, these letters have become famous and some are historical reports from that period.

Jules Verne is known for his novels *Cinq semaines en ballon* (*Five Weeks in a Balloon*), *Voyage au centre de la terre* (*Journey to the Center of the Earth*), *Vingt mille lieues sous la mer* (*Twenty Thousand Leagues Under the Sea*), *Le Tour du monde en quatre-vingts jours* (*Around the World in Eighty Days*), *De la terre à la lune* (*From the Earth to the Moon*), and many others. He introduced a new genre, that of science-fiction.

Georges Simenon, a novelist from Belgium, wrote hundreds of novels and short stories, biographical works, and numerous articles. He is best known for his detective novels featuring inspector Maigret.

Part VI - L28

Terms of endearment can be amusing in any language. Sometimes they are words that refer to foods or animals.

Part VI - L29

Which monument is the oldest? The Eiffel Tower? the Arch of Triumph? the department store *Le Printemps*?

The Arch of Triumph, commissioned by Napoleon in 1806 to commemorate his victories, is older than the Eiffel Tower—built for the World's Fair of 1889—which is older than Le Printemps, a famous Parisian department store built in 1865.

Part VII - L32

The old city of Québec, founded in 1608 by Samuel de Champlain, is declared a World Patrimony site by UNESCO in 1985. It is the only fortified city in North America.

Part VII - L34

Chez Marcel, Chez Philippe, Chez Jo-Jo, Chez Michel are names of restaurants. These restaurants are named after the restaurant owner. They are found everywhere in France.

Chez Régine is the name of a night club opened in Paris in the 1970s by a singer named Régine. The night club is near the Champs Élysées. Régine launched the twist in France in 1961 and claims to have invented the disco because she was the first to install sets of colored lights on a dance floor.

Review VII

Tahiti is an island in the Pacific Ocean. It is one of the many islands of French Polynesia. It is near New Zealand and very far from the United States. On the island, there are palm and banana trees, as well as tropical flowers such as hibiscus and tiare (Tahitian gardenia). Two volcanoes rise to respectable heights near wide valleys and plains. Tahiti's coasts are protected by coral reefs and offer long basaltic beaches. The most beautiful pearls in the world are cultivated on the Polynesian island coasts.

Part VIII - L36

To find a good gift for your friend, think about his/her favorite pastimes. She likes to tinker? You can enroll her in a scrapbooking class; she will love it. He likes to read? A subscription to a magazine (that) he likes is ideal.

To find a good gift for your grandmother, consider small things, simple but touching things, perhaps some photos of children, grandchildren, and great-grandchildren.

Part VIII - L37

The French spend a lot of time talking on the phone, watching TV, and listening to music. Approximately 50 percent attend the movies, 43 percent surf the Internet, 40 percent watch movies on DVD, and 35 percent are involved in recreational activities on the computer. Young people from fifteen to twenty-five years of age spend a lot of time playing video games on computers.

Part VIII - L38

In France: The Eiffel Tower, designed by engineer Gustave Eiffel for the World's Fair of 1889 to celebrate the centennial of the French Revolution, continues to be one of the most visited places in the world: 249,976,000 visitors between 1889 and 2009.

In Germany: Approximately 240 Bismarck towers were built between the years 1869 and 1934 to honor the imperial chancellor Otto von Bismarck.

In Italy: The Tower of Pisa, over 800 years old, defies architectural rules as it currently leans 3.9 meters from the vertical and, in the absence of its recently-installed technology, would lean more and more toward the south each year.

In England: The Tower of London, a building on the Thames river in London, has served as a fortress, an armory, the treasury, the Royal Mint, a palace, a refuge, a prison, and execution site.

Part IX - L44

In France, cheese is eaten at lunch and dinner with bread and often with wine. There exist hundreds of varieties of French cheeses. Generally they are made with cow's milk but sometimes with sheep or goat milk. A few examples of well known cheeses are gruyère, camembert, roblochon, and roquefort.

Camembert comes from the French province of Normandy; roblochon comes from Savoy. Roquefort comes from a small town called Roquefort-sur-Soulzon. Note that gruyère comes from Switzerland.

Part X - L47

The story of the *Phantom of the Opera* takes place beneath the Paris opera house.

The story of Quasimodo and Esmeralda takes place around and inside the cathedral of Notre-Dame de Paris.

Part X - L50

Snow White got lost in the big forest. But she met seven little dwarfs who invited her to their house. They became very good friends. But one day a bad witch, Snow White's stepmother, came and gave a poisoned apple to Snow White. The poor young girl fell over dead. She stayed that way for a time. Fortunately, one day, a handsome prince arrived. He kissed her, and she awoke. The prince and Snow White fell in love; they marry.